D1877681

जब नील का दाग़ मिटा

चम्पारण 1917

पुष्यमित्र

जब नील का दाग़ मिटा

चम्पारण 1917

सार्थक
राजकमल प्रकाशन का उपक्रम

ISBN : 978-81-267-3051-3

मूल्य : ₹175

पहला संस्करण : जनवरी, 2018
तीसरा संस्करण : अक्टूबर, 2020

सार्थक राजकमल प्रकाशन का उपक्रम

प्रकाशक
राजकमल प्रकाशन प्रा. लि.
1-बी, नेताजी सुभाष मार्ग, दरियागंज
नई दिल्ली-110 002

शाखाएँ
अशोक राजपथ, साइंस कॉलेज के सामने, पटना-800 006
पहली मंज़िल, दरबारी बिल्डिंग, महात्मा गांधी मार्ग, इलाहाबाद-211 001
36 ए, शेक्सपियर सरणी, कोलकाता-700 017

वेबसाइट : www.rajkamalprakashan.com
ई-मेल : info@rajkamalprakashan.com

मुद्रक : बी.के. ऑफसेट
नवीन शाहदरा, दिल्ली-110 032

JAB NEEL KA DAAG MITA : CHAMPARAN-1917
Non-Fiction by Pushyamitra

चम्पारण के उन तमाम ज्ञात–अल्पज्ञात–गुमनाम योद्धाओं के नाम, जो नील का दाग़ मिटाने के लिए उस शक्तिशाली ब्रिटिश साम्राज्य के खिलाफ डटकर खड़े हो गए, जिसके राज में कभी सूरज नहीं डूबता था...

और उन तमाम लोगों के नाम जो आज भी चम्पारण में भूमि के अनसुलझे सवालों का हल ढूँढ़ने में जुटे हैं...

अनुक्रम

चम्पारण

1917

...और बदल गया देश

27 दिसम्बर, 1916 का दिन था। हल्की-हल्की धूप खिली थी। लखनऊ के मोतीनगर स्थित नवाब वाजिद अली शाह के बगीचे में शामियाने से बने स्टेज पर बिहार का एक गँवई किसान धीरे-धीरे चढ़ रहा था। कांग्रेस के राष्ट्रीय अधिवेशन में मौजूद तकरीबन 2,300 प्रतिनिधियों के बीच उसे अपने इलाके के किसानों की दु:ख-दर्द की दास्तान सुनानी थी। उसके सामने बैठे लोग पूरे देश से आए हुए थे। थोड़ी ही देर पहले उसके साथ बिहार से आए एक बड़े वकील और जाने-माने राजनेता ब्रजकिशोर प्रसाद ने चम्पारण के किसानों के शोषण की जाँच के लिए सरकार पर दबाव बनाने का प्रस्ताव पेश किया था। अंगरेजी भाषा में पेश वह प्रस्ताव कुछ इस तरह था :

> "The congress most respectfully urges upon the government the desirability of appointing a mixed committee of official to inquire into the cause of agrarian trouble and the strained relations between the Indian ryots and European planters in North Bihar and to suggest remedies."*

* कांग्रेस को ब्रिटिश सरकार पर एक जाँच कमेटी के गठन के लिए दबाव बनाना चाहिए। ऐसी कमेटी जो उत्तर बिहार में भारतीय रैयत और यूरोपीय प्लांटरों के बीच जारी तनावपूर्ण सम्बन्ध और वहाँ के खेतिहर संकट के कारणों की जाँच कर सके और उसका कोई हल बताए।

यह बहुत ही सामान्य-सा प्रस्ताव था। कांग्रेस से किसानों के आन्दोलन में भागीदार बनने की माँग नहीं की गई थी, सिर्फ इतनी अपेक्षा की गई थी कि वह अपने राजनीतिक प्रभाव का इस्तेमाल करते हुए सरकार पर चम्पारण के किसानों के संकट मामले में जाँच कमिटी गठित करने का दबाव बनाए। और अब चम्पारण से आए उस किसान को उस प्रस्ताव का समर्थन करते हुए दो शब्द कहना था।

हालाँकि वहाँ मौजूद प्रतिनिधियों के हावभाव से जाहिर था कि ज्यादातर लोगों की इस प्रस्ताव में कोई खास रुचि नहीं है। ऐसे में अब वह किसान चाह रहा था कि अपने इलाके के लोगों के दुःख-दर्द की ऐसी तस्वीर पेश करे कि न सिर्फ यह प्रस्ताव मंजूर हो जाए बल्कि कांग्रेस के कुछ बड़े नेता उसके आन्दोलन में सहभागी बनने के लिए उसके साथ चम्पारण जाने को राजी हो जाएँ। दरअसल यही उसके यहाँ आने का मूल मकसद था। मगर उसकी परेशानी यह थी कि उसे अंगरेजी क्या हिन्दी भी ठीक से बोलनी नहीं आती थी। फिर भी उसने हिम्मत की।

मंच पर चढ़कर उसने बोलना शुरू किया :

> ''इस अधिवेशन में देश के कोने-कोने से पहुँचे सभी लोगों को चम्पारण की धरती से आए इस किसान राजकुमार शुक्ल का राम-राम। आज हम आप लोगों को अपने इलाके के किसानों की व्यथा सुनाने जा रहे हैं। हमारे इलाके में विलायती अंगरेज नील की खेती करवाते हैं। इन निलहे अंगरेजों के साथ लम्बे समय से हमारे यहाँ के किसानों-मजदूरों का तालमेल बैठ नहीं रहा है। इन अंगरेजों ने नील की खेती कराने के लिए रामनगर और बेतिया के राजा से जमीन लीज पर ली है। उनकी शर्त के मुताबिक हम लोगों को हर एक बिगहा जमीन में से तीन कट्ठा को नील उगाने के नाम पर अलग रख देना पड़ता है। हालाँकि ये अंगरेज लोग इतने से भी खुश नहीं होते। वे गरीब रैयतों से मुफ्त में मजदूरी तो कराते ही हैं, उनके साथ बहुत बुरा बर्ताव भी करते हैं। वे लोग इतने ताकतवर हैं कि अपने इलाके के दीवानी और फौजदारी मुकदमों का फैसला भी खुद कर लेते हैं और जिसको जैसा जी में आए वैसी सजा सुना देते हैं। हमलोगों ने सरकार से कई बार अनुरोध किया है कि वह इस मामले की जाँच कराए। मगर बार-बार कहने पर भी सरकार इस अनुरोध पर ध्यान नहीं देती है। 1908 ईस्वी में इसी बात को लेकर चम्पारण में बड़ा

बावेला मचा था। उस वक्त बंगाल की सरकार ने एक अफसर को इस मामले की जाँच करने के लिए भेजा भी। लेकिन उस जाँच की रिपोर्ट को सार्वजनिक नहीं किया गया और उल्टे सैकड़ों किसानों को जेल भेज दिया गया। हम भी चम्पारण के ही रैयत हैं और हमको मालूम नहीं कि यहाँ से जब हम लौटेंगे तो यहाँ अपनी दु:ख भरी कहानी सुनाने की सजा हमें क्या दी जाएगी।''

इतना कहकर वह चुप हो गया। इस भाषण को सुनकर अधिवेशन के टेंट में बैठे प्रतिभागी शेम-शेम कहने लगे। फिर जैसा कि कांग्रेस की बैठक में हर प्रस्ताव के साथ होता रहा था, चम्पारण के किसानों की व्यथा से भरे इस दसवें प्रस्ताव को भी पारित कर दिया गया। लेकिन वह किसान समझ रहा था, महज प्रस्ताव स्वीकार कर लेने से कुछ नहीं होगा। वह उन नेताओं की तरफ निहारने लगा, जिनके जाने से चम्पारण के किसानों के आन्दोलन को ताकत मिलेगी और अंगरेज अधिकारी घबराएँगे। उसकी निगाह वहाँ बैठे लोकमान्य तिलक, मदनमोहन मालवीय और मोहम्मद अली जिन्ना जैसे नेताओं के चेहरे से गुजरती हुई मोहनदास करमचन्द गांधी नामक एक नए नेता पर टिक गई। जो कुछ-कुछ किसान जैसे दिख रहे थे। वे गुजरात की काठियावाड़ी परिधान पहने बैठे थे और लगातार नंगे पाँव चलने की वजह से उनके पाँव सूज गए थे। वह सोचने लगा, और कोई चले-न-चले इनको तो किसी भी सूरत में अपने साथ चम्पारण ले जाना है। उसे पिछले साल कानपुर से छपने वाले अखबार 'प्रताप' के युवा सम्पादक गणेश शंकर विद्यार्थी की बात याद आ गई। उन्होंने कहा था, पंडित जी, गांधी को पकड़कर चम्पारण ले जाइए। उन्हीं से काम बनेगा। दक्षिण अफ्रीका में इस गुजराती वकील ने बड़ा काम किया है। इसको अंगरेजों को हराना आता है।

अधिवेशन में इकट्ठा लोगों की रुचि न चम्पारण जाने में थी, न चम्पारण के बारे में सोचने में। इस अधिवेशन में कई दूसरी महत्त्वपूर्ण चीजें हो रही थीं। कई साल बाद गरम दल के नेता बाल गंगाधर तिलक फिर से कांग्रेस में लौट आए थे। पिछले साल गोपालकृष्ण गोखले के निधन के बाद नरम दल के तेवर और नरम हो गए थे, लिहाजा हर जगह तिलक ही छाये नजर आ रहे थे। इसके अलावा इसी शहर के रिफा-ए-आम क्लब में एक और अधिवेशन हो रहा था, वह अधिवेशन था ऑल इंडिया मुस्लिम लीग का। लोगों का दिमाग उस तरफ भी था। बहुत मुमकिन था कि यहाँ-वहाँ के सुर मिल जाएँ

और साल के आखिरी दिन इस मैदान ने दोनों दलों का संयुक्त अधिवेशन हो जाए। मिस्टर जिन्ना, जो दोनों दलों के मेम्बर थे, इसे अंजाम देने में जुटे हुए थे। इतनी बड़ी-बड़ी उथल-पुथल और सरगर्मियों के बीच चम्पारण की बात कौन समझता?

जिन गांधी को अपने साथ चम्पारण ले जाने का मन वह गँवई किसान बना रहा था, उन्होंने भी मंच पर खड़े अपनी बात कह रहे उस किसान की तरफ देखा। यह किसान पिछली रात एक वकील को लेकर उनके तम्बू में पहुँचा था। देखने में बड़ा सीधा-सादा, शहरी छल-कपट से दूर लगा था। जरूर यह फिरंगियों के जुल्म से आजिज आ गया होगा, उन्होंने मन में सोचा। नहीं तो गाँव का किसान बेवजह अपने गाँव से इतनी दूर हो रहे राजनीतिक जलसे में नहीं पहुँचता है। गाँव के लोगों की जिन्दगी चलती रहे तो वे ऐसी बातों को तवज्जो नहीं देते हैं। मगर उसके साथ जो वकील आया था, वह गांधी को पहली नजर में नहीं जँचा। उन्होंने सोचा, वह व्यक्ति जरूर इन किसानों को फुसलाकर मुकदमे कराता होगा और पैसे बनाता होगा। पिछली शाम वकील बाबू ब्रजकिशोर प्रसाद जब उनके तम्बू में राजकुमार शुक्ल के साथ पहुँचे थे, तभी से गांधी के मन में यह बात जड़ जमा कर बैठ गई थी।

उस सम्मेलन में बिहार से एक और राजनेता पहुँचा था, जो पटना का मशहूर वकील था। पढ़ाई-लिखाई में काफी मेधावी वह इनसान, उस सम्मेलन में अपने प्रान्त से पहुँचे इस गँवई किसान को देखकर एक क्षण के लिए सोच में पड़ गया। ऐसा नहीं था कि वह नील प्लांटरों के जुल्म के किस्सों से अनजान हो, मगर यह ख्याल उसके दिमाग में नहीं आया था कि उसके प्रान्त के किसान अपनी व्यथा की कहानी सुनाने कांग्रेस के राष्ट्रीय अधिवेशन में पहुँच जाएँगे। उसने यह तो बिल्कुल नहीं सोचा था कि बहुत जल्द इस किसान की वजह से उसकी दुनिया बदलने वाली है। उसे विलायती सूट-बूट की जगह खादी अपनाना पड़ेगा, वकील के बदले मुंशी बन जाना पड़ेगा। नौकर-चाकरों के भरोसे जीने की आदत छोड़नी पड़ेगी और खुद खाना पकाना, बरतन धोना सीखना पड़ेगा। उस वकील का नाम था डॉ. राजेन्द्र प्रसाद, जो आगे चलकर आजाद हिन्दुस्तान का पहला राष्ट्रपति बना।

उस वकील ने उस रोज अपनी डायरी में दर्ज किया—बिहार के प्रतिनिधि भी अच्छी संख्या में लखनऊ पहुँचे हुए थे। उनमें से कुछ लोग चम्पारण के थे,

जिनमें एक देहाती किसान राजकुमार शुक्ल थे, जो थोड़ी हिन्दी जानते थे, और कोई भाषा नहीं। वह उन लोगों में से थे, जिन्होंने निलहों के हाथों दु:ख पाया था। चम्पारण की सताई हुई प्रजा की तरफ से वे कांग्रेस में पहुँचे थे।

यह दिलचस्प बात है कि लखनऊ के उस कांग्रेस अधिवेशन में वे चारों किरदार मौजूद थे, जिन्होंने आगे चलकर चम्पारण सत्याग्रह में प्रमुख भूमिका निभाई। ये थे, पंडित राजकुमार शुक्ल, मोहनदास करमचन्द गांधी, ब्रजकिशोर प्रसाद और डॉ. राजेन्द्र प्रसाद। उस रोज इन चारों को इल्म भी नहीं रहा होगा कि साल 1917 उनके लिए इतना महत्त्वपूर्ण होगा। इस एक साल में न सिर्फ उनकी जिन्दगी बदल जाएगी बल्कि पूरे मुल्क के सोचने का नजरिया भी परिवर्तित हो जाएगा। चम्पारण जैसी छोटी जगह में ये लोग अंगरेजों के खिलाफ लड़ाई का एक नया तरीका, सत्याग्रह ईजाद करेंगे। और फिर उनके जीवन के हर लम्हें में यह सत्याग्रह खून की तरह शामिल हो जाएगा। ईल्म तो खूबसूरत कनात में पिकनिक मनाने के अन्दाज में जुटे उन कांग्रेसियों को भी नहीं रहा होगा जो अंगरेजी में जोशीले लेक्चर दे और सुन रहे थे। कि अब लड़ाइयाँ न मजलिसों में होंगी, न पार्लियामेंट में। लड़ाइयाँ गाँवों और शहरों की सड़कों, गलियों और चौराहों में लड़ी जाएँगी, वह भी बिल्कुल निहत्था होकर।

लेकिन होनी होकर रही। वह किसान अपने साथ मोहनदास करमचन्द गांधी को खींचकर चम्पारण ले गया। गांधी के पीछे डॉ. राजेन्द्र प्रसाद भी चम्पारण पहुँचे। बाबू ब्रजकिशोर प्रसाद को तो आना ही था। फिर साल 1917 में हिन्दुस्तान की जमीन पर पहली दफा सत्याग्रह का प्रयोग हुआ। फिर जो कुछ हुआ वह भारतीय इतिहास का अविस्मरणीय अध्याय है।

चम्पारण गांधी से पहले

कहानी इंडिगो की

वैसे तो चम्पारण सत्याग्रह की कहानी में कई किरदार हैं। महात्मा गांधी और डॉ. राजेन्द्र प्रसाद तो हैं ही, वहाँ के किसान नेता राजकुमार शुक्ल, शेख गुलाब और शीतल राय हैं। वकील और समाजसेवी बाबू ब्रजकिशोर प्रसाद हैं। पत्रकार पीर मोहम्मद मुनिस हैं। निलहे प्लांटर हैं। मगर सबसे महत्त्वपूर्ण किरदार नील का वह पौधा है, जिसे उस जमाने में ब्लू गोल्ड के नाम से जाना जाता था। लेकिन इस नील का किस्सा क्या था?

गांधी जी ने अपनी आत्मकथा में लिखा है कि राजकुमार शुक्ल से मिलने से पहले वह नील की खेती के बारे में कुछ नहीं जानते थे। नील की गोटियाँ जरूर देखी थीं, मगर ये गोटियाँ कैसे बनती हैं, यह बात उनको नहीं मालूम थी। सच तो यह है कि इस बारे में आज भी ज्यादातर लोगों को बहुत कम जानकारी होगी। अब तो उजाला नील का दौर भी उतार पर है और कपड़ों में नील डालने का चलन भी खत्म होने लगा है। ऐसे में ज्यादातर लोगों के लिए यह उत्सुकता का विषय हो सकता है कि नील आखिर क्या चीज थी और क्यों 19वीं और 20वीं सदी में अंगरेजों ने सरकारी नौकरियाँ छोड़कर इसकी खेती के धन्धे में

हाथ डाला। क्यों 20वीं सदी की शुरुआत में चम्पारण के किसानों ने इस नकदी फसल की खेती का इतने व्यापक पैमाने पर विरोध किया कि यह आन्दोलन देश की स्वतंत्रता आन्दोलन का आधार बन गया।

दरअसल, भारत ने दुनिया को जो कुछ बेशकीमती तोहफे दिए हैं, उनमें से एक प्राकृतिक नीला रंग नील भी है। आपको यह जानकर हैरत होगी कि जब तक यूरोपीय भारत नहीं आए थे, उन्हें नीले रंग के बारे में पता तो था, मगर इसे कैसे तैयार किया जाए यह जानकारी नहीं थी। भारत की नील फैक्टरियों के बारे में यूरोप को 13वीं शताब्दी के आखिर में पता चला, जब मार्को पोलो एशियाई मुल्कों की यात्रा पर इधर आया था। 16वीं सदी में जब ब्रिटिश पहली दफा सूरत के बन्दरगाह पर उतरे तो यहाँ तैयार होने वाली नील की गाँठों को देखकर इतने उत्साहित हुए कि यहाँ से जो पहली कुछ चीजें उन्होंने यूरोप भेजीं उनमें नील सबसे महत्त्वपूर्ण था। उन्होंने दो महीने के अन्दर नील की कई पेटियाँ यूरोप भेजीं। इससे पहले भारतीय नील के व्यापार पर पुर्तगालियों का एकाधिकार था।

भारतवासी इस रंग को बनाने की विधि सदियों से जानते थे। हड़प्पा के पुरावशेषों में नीले रंग से डाई किया हुआ सूत का कपड़ा भी मिला है। वैदिक साहित्य में तो इसका भरपूर उल्लेख है, उस वक्त कुमकुम और नील रंग हुआ करते थे। भारतीयों को नील के पौधे की पहचान थी और उसे परिशोधित करने का तरीका भी आता था। हालाँकि पुराने समय में नील की खेती का इलाका बंगाल और बिहार नहीं था, बल्कि देश के पश्चिमी इलाके में इसकी खेती होती थी और वहीं नील तैयार किया जाता था। व्यापार सूरत के समुद्र तट से होता था और आगरा नील काफी मशहूर हुआ करता था। इन्हीं किसानों और व्यापारियों से खरीदकर ब्रिटिशों, पुर्तगालियों और फ्रांसीसियों ने भारी मात्रा में नील यूरोप भेजना शुरू किया। नील वहाँ इतना मशहूर हो गया कि इसे इंडिया से मिलता-जुलता नाम इंडिगो (वैज्ञानिक नाम—इंडिगोफेरा टिंक्टोरिया) कहा जाने लगा। मगर इन व्यापारियों ने काफी वक्त तक यह राज जाहिर नहीं होने दिया कि नील बनता कैसे है। हालात ऐसे हो गए थे कि जर्मनों को यह लगने लगा कि नील एक खनिज पदार्थ है और वहाँ की सरकार ने नील की खुदाई की कोशिशें भी शुरू कर दीं।

दरअसल नीला रंग भले ही उतना आकर्षक न हो मगर इस रंग की एक खासियत है। इस रंग से रँगे कपड़े पुराने पड़ने पर भी खराब नहीं दिखते हैं।

इसलिए रफ-टफ कामों में नीले रंग के पैंट इस्तेमाल किए जाने का प्रचलन पश्चिमी मुल्कों में काफी समय से रहा है। बाद के दिनों में डेनिम जींस का फैशन ऐसा छाया कि उसने पूरी दुनिया को दीवाना बना दिया। यही वजह थी कि यूरोपीय मुल्क हर हाल में नील तैयार करने का तरीका जानना चाहते थे, ताकि विदेशी व्यापार से उनकी निर्भरता खत्म हो जाए। यूरोप के कई मुल्कों में नील उगाने की कोशिशें हुईं, जो सफल नहीं हो पाईं। एक जगह तो इस खेती को यह कहकर हटा दिया गया कि हो न हो यह जहरीला पौधा है।

बंगाल के स्थायी बन्दोबस्त (1793) से पहले गुजरात, राजस्थान, लाहौर, अवध और आगरा नील की खेती और निर्यात के प्रमुख इलाके थे। इस बीच डच लोगों ने जावा और आसपास के दूसरे द्वीपों में नील उगाने में सफलता हासिल कर ली। वहाँ का नील सस्ता भी था और उनका व्यापार भी आसानी से होने लगा। इसके बाद भारतीय नील का एकाधिकार खत्म हुआ और धीरे-धीरे व्यापार भी ठप पड़ने लगा। देखते ही देखते कई इलाकों से नील की खेती उठने लगी। हालाँकि 18वीं सदी के आखिरी दशक में भी सूरत बन्दरगाह से आगरा नील की पेटियाँ बाहर जाती थीं, मगर व्यापार काफी घट गया था।

भारत में नील की खेती लगातार घटने से ब्रिटिश काफी परेशानी में पड़ गए। उनको नील की काफी जरूरत हुआ करती थी। उन्हें सारा का सारा नील वेस्ट इंडीज और अमेरिका से मँगवाना पड़ता था। उन्हें काफी नील चाहिए था और वह भी सस्ता ताकि उन्हें जावा नील खरीदना न पड़े। इसके लिए उन्हें बंगाल का इलाका काफी मुफीद लगा जहाँ उस जमाने में ईस्ट इंडिया कम्पनी काबिज थी।

अठारहवीं सदी के आखिर में इस नए इलाके में वे नील की फसल लेकर उतर आए। यह एक तरह से कारपोरेट फार्मिंग की शुरुआत थी। ईस्ट इंडिया कम्पनी के अधिकारियों ने नौकरी छोड़कर जमीन के पट्टे ले लिए और सस्ता नील तैयार कराने में जुट गए। यह तरीका काफी कामयाब हुआ। 1802 ईस्वी तक यहाँ नील का इतना उत्पादन होने लगा कि अमेरिका से नील मँगवाने की जरूरत ही खत्म हो गई। वैसे भी कैरीबियन मुल्कों को तब तक गन्ने की खेती रास आ गई थी, जिसमें अधिक फायदा था। इस तरह फिर से भारत का नील के विश्व बाजार पर एकछत्र राज हो गया और इसके मुकाबले में बस जावा का नील ही मैदान में रह गया। इस बीच बंगाल में नील की खेती करने के लिए

कई ऐसे ब्रिटिश नागरिक भी पहुँचने लगे जो ईस्ट इंडिया कम्पनी के अधिकारी नहीं थे और इस मुनाफे की खेती में हाथ आजमाना चाहते थे।

1833 से पहले नील प्लांटरों की स्थिति बहुत अच्छी नहीं थी। वे लीज पर जमीन लेकर खेती करते थे, उनके पास जमीन से जुड़ा कोई अधिकार नहीं था। ईस्ट इंडिया कम्पनी उन्हें कभी भी खेती छोड़कर देश से जाने के लिए कह सकती थी। लेकिन 1833 में पारित चार्टर एक्ट ने उनके लिए कई चीजें आसान कर दीं। उन्हें मालिकाना हक मिल गया। बंगाल को फिजी, मॉरिशस, आदि मुल्कों की तरह ब्रिटेन की खेतिहर कॉलोनी में बदल दिया गया। अब इंग्लैंड में पैदा कोई भी व्यक्ति, ब्रिटेन के किसी भी उपनिवेश में जाकर जमीन खरीद सकता था, व्यापार कर सकता था और हमेशा के लिए बस सकता था। उसे किसी की इजाजत लेने की जरूरत नहीं थी। अब वे प्लांटर से जमींदार बन गए और किसान किसान नहीं रहे, रैयत बन गए।

अधिक अधिकार मिले तो इनकी ख्वाहिशें बढ़ने लगीं। पहले उन्हें 25 फीसदी लाभ से सन्तुष्टि मिल जाती थी, मगर बाद के दिनों में वे लाभ बढ़ाने की कोशिश करने लगे, लिहाजा सारा भार रैयत पर पड़ने लगा। अधिक से अधिक मुनाफा कमाने की कोशिश में वे रैयत पर भरपूर जुल्म करते। वे किसानों को उनकी पूरी जमीन पर खाद्यान्न के बदले नील की खेती करने के लिए विवश करते, जिसकी वजह से बंगाल में अक्सर अकाल की नौबत आ जाती। मगर नील प्लांटरों को इन बातों से कोई फर्क नहीं पड़ता, उन्हें बस अपने मुनाफे से मतलब था। रैयत समझ रहे थे कि प्लांटर नील की खेती से भरपूर पैसा कमा रहे हैं, जबकि उनकी बदहाली बढ़ती जा रही थी। नील को उस जमाने में ब्लू गोल्ड यानी नीला सोना कहा जाता, क्योंकि इसके व्यापार में बहुत पैसा था। मगर इसकी खेती करने वाले किसान लगातार कंगाल हो रहे थे। प्लांटर उन्हें फसल की जो कीमत देते थे, वह बाजार में नील की कीमत का महज 2.5 फीसदी हुआ करती थी। इसके अलावा उन पर कई तरह के टैक्स लादे जाते थे। उन्हें फँसाए रखने के लिए कर्ज दिया जाता था। कर्ज की वसूली पीढ़ी दर पीढ़ी चलती रहती थी। प्लांटरों के कोर्टयार्ड (कोठियों) में रैयतों से रोज मारपीट होती थी, चाबुक से उनकी खाल उधेड़ी जाती थी :

> 1848 में एक डिप्टी कलेक्टर ईडी लाटूर ने अपनी रिपोर्ट में एक पादरी को उद्धृत करते हुए लिखा था—'ब्रिटेन पहुँचने वाली नील की एक भी गाँठ ऐसी

> नहीं होती जो मानव रक्त से रंजित न हो। 1860 में जब इन शिकायतों की वजह से बंगाल में नील आयोग का गठन किया गया तो एक अन्य डिप्टी मैजिस्ट्रेट आस्ले इडेन ने बयान दिया कि जब गोरों पर मुकदमा होता है तो न्यायालय में न्याय को भुला दिया जाता है। उसी आयोग के समक्ष किसानों ने बयान दिया कि हमारा गला भी काट दिया जाए तो भी हम खेतों में नील नहीं बोएँगे। हम उस देश में चले जाएँगे, जहाँ नील के पौधे न कभी बोये गए हैं और न ही देखे गए हैं। हम गोली खा लेंगे मगर नील नहीं बोएँगे।

इन उद्धरणों से समझा जा सकता है कि बंगाल के किसानों को नील की खेती से कितनी नफरत हो गई थी, वे किस हद तक आजिज आ गए थे। दोष नील की फसल का नहीं बल्कि खेती कराने के तरीके का था। अंगरेज प्लांटर इतना अधिक लाभ कमा लेना चाहते थे कि किसानों की हड्डियाँ तक पेर डालते थे। निश्चित तौर पर यह शोषण की इन्तेहाँ थी, वरना भारत का सहनशील और शान्त मिजाज वाला किसान अमूमन विद्रोह पर उतारू नहीं होता। वह यह नहीं कहता कि हम गोली खा लेंगे, लेकिन नील नहीं बोएँगे। इसी दौरान किसानों को फिजी, त्रिनिदाद, मॉरिशस और दूसरे दूरदराज के मुल्कों में मजदूर के रूप में ले जाने की कोशिशें शुरू हुईं। इन किसानों की हालत इतनी दयनीय हो गई थी कि वे ऐसे अनजाने देश में जाने के लिए आसानी से तैयार हो जाते थे।

बंगाल के किसानों की इस व्यथा को दो मोर्चों से स्वर मिला। पहला मोर्चा पत्रकारिता का था और दूसरा रंगमंच का। इन मोर्चों से उनका दर्द गाँव के खेतों से निकलकर शहरों और राजधानियों तक पहुँचा और फिर ब्रिटेन की अवाम के बीच भी चर्चा का विषय बना। नतीजतन बंगाल की सरकार को यहाँ नील की खेती के सम्बन्ध में पहला जाँच आयोग गठित करने पर मजबूर होना पड़ा, फिर कठोर नियम बनाए गए। इससे अन्ततः बंगाल सूबे में नील की खेती ही बन्द हो गई।

पत्रकारिता के जरिये इस मसले को सबकी निगाह में लाने का काम 'द हिन्दू पेट्रियाट' अखबार ने किया, जिसके संचालक हरीशचन्द्र मुखोपाध्याय थे। उन्होंने अपने अखबार में लगातार बंगाल के नील किसानों की व्यथा और शोषण की कहानियाँ प्रकाशित कीं। उनकी रिपोर्टों से नील प्लांटर इतने परेशान हुए कि उन्होंने 'द हिन्दू पेट्रियाट' को मुकदमे में फँसाने की कोशिश शुरू कर दी। मगर यह उनका दुर्भाग्य था कि 'द हिन्दू पेट्रियाट' ब्रिटिश टेरिटरी से बाहर

भवानीपुर के इलाके से प्रकाशित होता था, इसलिए वे अखबार का प्रकाशन बन्द नहीं कर पाए। फिर भी उन्होंने हरीशचन्द्र मुखोपाध्याय को कई तरह से प्रताड़ित किया। नतीजा यह हुआ कि महज 37 साल की उम्र में उनकी मौत हो गई। उनकी मृत्यु के बाद उनकी पत्नी को भी मुकदमे में उलझाए रखा गया। मगर हरीशचन्द्र मुखोपाध्याय के प्रयास इतने कारगर रहे कि ब्रिटिश सरकार को नील आयोग का गठन करना ही पड़ा।

जिस तरह हिन्दी पत्रकारिता के क्षेत्र में गणेश शंकर विद्यार्थी का नाम अमर है, उसी तरह बंगाल की पत्रकारिता में हरीशचन्द्र मुखोपाध्याय की कीर्ति आज भी कायम है। उस जमाने में बंगाल में उनके नाम के गीत गाये जाते थे। सन् 1853-1855 तक, महज दो साल में 'द हिन्दू पेट्रियाट' के जरिये उन्होंने बदलाव की जो बुनियाद रखी, वह अविस्मरणीय है। एक संवाददाता के रूप में 1853 में उन्होंने इस अखबार में नौकरी की थी, मगर बहुत जल्द वे अखबार के प्रधान सम्पादक और फिर मालिक भी बन गए थे।

जहाँ इस अखबार ने कोलकाता के मध्यवर्ग में नील की खेती करने वाले किसानों के प्रति सहानुभूति उत्पन्न की और नील प्लांटरों की शोषणवृत्ति के खिलाफ जनमानस तैयार किया, वहीं 'नील दर्पण' नामक एक नाटक बंगाल में नील की खेती खत्म करने की दिशा में निर्णायक आह्वान साबित हुआ। 'नील दर्पण' की रचना एक पोस्ट मास्टर दीनबन्धु मित्र ने की थी, जिनकी पोस्टिंग नदिया जिले में थी, जहाँ नील की खेती प्रचुर मात्रा में होती थी। वे वहाँ के किसानों की हालत देखकर परेशान रहते थे और नील प्लांटरों के जुल्म से भी वाकिफ थे। सरकारी कर्मचारी होने की वजह से वे इसका खुलकर विरोध नहीं कर पाते थे, इसलिए उन्होंने नील किसानों का दुःख उजागर करने के लिए नाटक का सहारा लिया। यह नाटक मूलतः बांग्ला में लिखा था और खुद छपवाया था। उन्होंने इसकी एक प्रति कलकत्ता के पादरी जेम्स लॉग को भी भेजी।

'नील दर्पण' के बारे में एक मिथक काफी प्रचलित है। वह यह कि उस जमाने के मशहूर नाटककार माइकेल मधुसूदन दत्त ने इस नाटक को पढ़ा तो वे इतने उद्वेलित हुए कि उन्होंने एक ही रात में इसका अनुवाद बांग्ला से अंगरेजी में कर दिया। फिर इंग्लैंड में भी इसका मंचन हुआ और वह इतना प्रभावी साबित हुआ कि उसका दबाव यहाँ की सरकार पर पड़ा और उसको

नील आयोग का गठन करना पड़ा। मगर इस कहानी में कुछ अतिरंजना है। तथ्य यह है कि बंगाल में नील आयोग का गठन 31 मार्च, 1860 को हुआ था। इसने अगस्त 1860 में अपनी रिपोर्ट जमा कर दी थी। जबकि 'नील दर्पण' का अनुवाद 1861 में हुआ था। इस तरह देखा जाए तो बंगाल में नील आयोग के गठन का बड़ा श्रेय हरीशचन्द्र मुखोपाध्याय की धारदार रिपोर्टिंग को जाता है। हाँ, यह जरूर है कि 'नील दर्पण' ने सरकार को मजबूर किया कि वह नील आयोग के सुझावों को स्वीकार कर ले।

जब दीनबन्धु मित्र ने 'नील दर्पण' की प्रति पादरी जेम्स फॉग को दी, तो उन्हें इस नाटक में काफी दम लगा। फॉग अवाम के सुख-दु:ख के प्रति सजग व्यक्ति थे। हालाँकि उस वक्त तक नील आयोग का काम पूरा हो चुका था, फिर भी उन्होंने इस नाटक की एक प्रति नील आयोग के अध्यक्ष रह चुके डब्ल्यू.एस. सेटॉन-कॉर को भेज दी। सेटॉन-कॉर ने उस नाटक का जिक्र तत्कालीन लेफ्टिनेंट गवर्नर ग्रांट से किया। ग्रांट ने उस नाटक को पढ़ने की इच्छा व्यक्त की। इस पर सेटॉन-कॉर ने जेम्स फॉग से कहा कि हो सके तो इस नाटक का अंगरेजी अनुवाद तैयार कराए, ताकि इसे लेफ्टिनेंट गवर्नर को पढ़ाया जा सके। इसी के बाद जेम्स फॉग ने माइकेल मधुसूदन दत्त से 'नील दर्पण' का अंगरेजी अनुवाद कराया। फिर अप्रैल-मई, 1861 में इसकी पाँच सौ प्रतियाँ छपवाईं। फॉग ने लेफ्टिनेंट गवर्नर की जानकारी के बगैर सरकारी लिफाफे में पैक कर इस पुस्तक को जगह-जगह भेजना शुरू कर दिया।

नाटक तो बम था और इसका असर इसके अंगरेजी अनुवाद के बाद पता चला।

'नील दर्पण' नाटक के पहले पेज पर छपा था—

> "I PRESENT 'The Indigo Planting Mirror' to the Indigo Planters' hands; now, let every one of them, having observed his face, erase the freckle of the stain of selfishness from his forehead, and, in its stead, place on it the sandal powder of beneficence, then shall I think my labor success."*

---

* मैं नील खेती का दर्पण (नील दर्पण) नील प्लांटरों के हाथों में दे रहा हूँ, ताकि हर कोई उनके बारे में जान सके, उनके चेहरे का अवलोकन कर सके, उनके ललाट पर फैले स्वार्थ के चकते को हटा सके और इसके बदले लाभुकों के ललाट पर चन्दन मल सके, तभी मैं समझूँगा कि मेरी मेहनत सफल हुई।

जबरदस्त बवाल मचा और नतीजा यह हुआ कि नील प्लांटरों ने उस बेचारे पादरी को अदालत में घसीट लिया। वहाँ उन पर इंगलिश बिरादरी को अपमानित करने का आरोप साबित हुआ और उन्हें एक हजार रुपए का जुर्माना और एक महीने जेल की सजा सुनाई गई। जुर्माने की रकम कालीप्रसन्न सिन्हा नामक बांग्ला लेखक ने भरी, सजा उन्हें सम्भवत: काटनी पड़ी।

बहरहाल यह नाटक काफी मशहूर हुआ। न सिर्फ बंगाल, बल्कि यूपी और बिहार के इलाकों में भी उस जमाने में जगह–जगह इसके प्रदर्शन हुए और नील की खेती के खिलाफ माहौल बना। ब्रिटेन में भी इसका प्रदर्शन हुआ, तब वहाँ के लोग जान पाए कि नील की डिबिया के अन्दर शोषण की कितनी क्रूर कथाएँ छिपी हैं। सरकार की थू–थू होने लगी और दबाव में सख्त कानून बनाने पर मजबूर होना पड़ा।

बंगाल में नील विद्रोह साल 1859 के मार्च महीने में शुरू हुआ। यहाँ ध्यान रखने लायक तथ्य यह है कि महज दो साल पहले इसी बंगाल से सिपाही विद्रोह की शुरुआत हुई थी, जो बाद में प्रथम स्वतंत्रता संग्राम में बदल गया। उसे अंगरेजों ने पूरी सख्ती से कुचल दिया। इस विद्रोह के बाद ही देश पर ब्रिटिश हुकूमत का प्रत्यक्ष राज कायम हुआ। इस असफल विद्रोह के महज दो साल बाद बंगाल के नील किसानों ने विद्रोह कर दिया। शुरुआत नदिया जिले गोविन्दपुर गाँव से हुई। वहाँ के दो भाइयों दिगम्बर बिस्वास और विष्णु बिस्वास ने नील की खेती करने से इनकार कर दिया। उनके इस विद्रोह को किसानों का भरपूर समर्थन मिला।

बहुत जल्द पूरे इलाके में आन्दोलन फैल गया। जगह–जगह किसान नील की खेती करने से इनकार करने लगे। एक वक्त ऐसा आया जब पूरा बंगाल इस आन्दोलन में शरीक हो गया था। एक आकलन के मुताबिक 50 लाख किसान इस आन्दोलन में शामिल हुए थे। ये किसान प्लांटरों की कोठियाँ घेर लेते थे और वहाँ दोषी प्लांटरों को बुलाकर उन पर मुकदमा चलाते थे। औरतें घर के बर्तनों को लेकर निकल गईं और ब्रिटिश सिपाहियों से लोहा लेने लगीं।

अंगरेजों ने इस विद्रोह का दमन करने में भी कोई कसर नहीं छोड़ी, मगर यह विद्रोह सफल रहा। नील आयोग का गठन हुआ और इस आयोग ने किसानों की शिकायतों को जायज पाया। इस आयोग ने कई सख्त सिफारिशें कीं और नील प्लांटर इन शिकायतों को मानने के लिए विवश हो गए। इसके

बावजूद किसान फिर से नील की खेती करने के लिए तैयार नहीं हुए और बंगाल से नील की खेती पूरी तरह खत्म हो गई।

कुछ इतिहासकार बंगाल के नील विद्रोह को अहिंसक आन्दोलन बताते हैं और कहते हैं कि इसी आन्दोलन से प्रभावित होकर गांधी ने चम्पारण में अहिंसक सत्याग्रह को अपनाया। हालाँकि चम्पारण के आन्दोलन की तह में जब हम जाएँगे तो पाएँगे कि यह अनुमान तनिक भी सही नहीं है। चम्पारण में गांधी ने कोई आन्दोलन नहीं किया, वे वहाँ किसानों की समस्या की सत्यता जाँचने गए थे। शुरुआत में उन्होंने डॉ. राजेन्द्र प्रसाद और ब्रजकिशोर प्रसाद की मदद से व्यक्तिगत तौर पर किसानों की समस्याएँ सुनीं और दर्ज कीं। बाद में उन्हें सरकारी जाँच आयोग का सदस्य बनाया गया।

गांधी जब तक रहे, चम्पारण में किसानों ने कहीं भी उनके नेतृत्व में कोई प्रदर्शन नहीं किया। वहाँ जो आन्दोलन हुआ था वह गांधी के पहुँचने से पहले हुआ था। हाँ, यह बात जरूर सच है कि चम्पारण के दूसरे आन्दोलनकारी खास तौर पर राजकुमार शुक्ल लगातार बंगाल के नील विद्रोह से प्रभावित होते रहे और यही वजह थी कि उन्होंने हमेशा अखबारों की मदद ली और सरकार से जाँच करवाने की माँग करते रहे। खुद राजेन्द्र प्रसाद ने भी अपनी पुस्तक 'सत्याग्रह इन चम्पारण' में लिखा है कि यह चम्पारण की बदकिस्मती थी कि उसे कोई हरीशचन्द्र मुखोपाध्याय नहीं मिला। हालाँकि पहले 'बिहारी' अखबार और बाद में 'प्रताप' अखबार ने इस आन्दोलन के पक्ष में माहौल बनाने में महत्त्वपूर्ण भूमिका निभाई। मगर सम्भवत: वे लोग 'द हिन्दू पेट्रियाट' और 'नील दर्पण' वाला प्रभाव उत्पन्न नहीं कर पाए।

बंगाल के इलाकों से नील की खेती खत्म होने का नकारात्मक असर यह हुआ कि नील प्लांटर उत्तर बिहार की तरफ पसरने लगे। हालाँकि इस आन्दोलन से पहले ही इस इलाके में नील की खेती शुरू हो गई थी। मधुबनी जिले के पंडौल में 1830 में ही नील कोठी स्थापित हो गई थी। मगर इस इलाके में नील कोठियों की स्थापना में तेजी बंगाल के नील विद्रोह के बाद ही आई। हालाँकि यहाँ भी नील प्लांटर अधिक दिनों तक सुकून से राजपाट नहीं चला सके। विद्रोह की आग 1868 में ही पंडौल पहुँच गई।

ऐसा नहीं था कि बंगाल के नील विद्रोह से पहले बिहार में नील की खेती नहीं होती थी। तिरहुत के इलाके में 24 फैक्टरियाँ काफी पहले से खुली हुई

थीं उनमें से कुछ का परिचालन वेस्ट इंडीज से आए प्लांटर कर रहे थे। वहाँ पहले से अफीम, गन्ना और तम्बाकू जैसी व्यापारिक फसलों की खेती होती रही थी। तिरहुत जिला के कलेक्टर की 1810 की एक रिपोर्ट के मुताबिक उसके जिले से हर साल 10 हजार मन नील कलकत्ता भेजा जा रहा था। 1850 में चम्पारण में भी नील की खेती शुरू हो गई। हाँ, यह बात जरूर हुई कि नील विद्रोह और बंगाल में नील की खेती उजड़ने के बाद वहाँ के प्लांटरों का रुख बिहार की तरफ हो गया, जिसे उस जमाने में अपर बंगाल कहा जाता था। हालाँकि कुछ प्लांटर चाय की खेती करने असम चले गए और कुछ ने जूट की खेती में पैसा लगा दिया।

दरअसल बिहार और खासकर तिरहुत के इलाके में नील प्लांटरों के आने और खेती की शुरुआत करने की कई वजहें थीं। नील विद्रोह तो था ही, 1857 के विद्रोह का अनुभव भी था। इस इलाके में खेती की बेहतर परिस्थितियाँ भी एक महत्त्वपूर्ण वजह थी। कई विद्वानों का मानना रहा है कि 1857 के विद्रोह के बाद नील प्लांटरों और ब्रिटिश अधिकारियों के बीच सम्बन्धों में अचानक अपनापन बढ़ गया। विद्रोह के भयावह अनुभव ने बाहरी समुदाय को एक दूसरे के करीब ला दिया। भारतीय जनता दोनों को एक समझती थी और सरकार को भी लगने लगा कि यूरोपीयों की सुरक्षा उसकी जिम्मेदारी है। इन प्लांटरों ने भी विद्रोह के दौरान सरकार की काफी मदद की थी। इसलिए जब ईस्ट इंडिया कम्पनी से शासन सीधे ब्रिटिश सरकार के हाथ में आया तो उसने इस बात को याद रखा और इन प्लांटरों को ऑनरेरी मैजिस्ट्रेट बना दिया गया। भले मजबूरी में लोअर बंगाल में नील की खेती बन्द करनी पड़ी, मगर सरकार ने प्लांटरों से वादा किया कि वह अपर बंगाल (बिहार) में उन्हें बेहतर बुनियादी ढाँचा उपलब्ध कराएगी।

1860 में इसे 'ग्रेट एग्रीकल्चरल इम्प्रूवमेंट प्रोजेक्ट' का रूप दिया गया। प्लांटर, जमींदार और सरकार तीनों इस प्रोजेक्ट के हिस्सेदार बने। सरकार ने अपना वादा तो पूरा किया ही, तिरहुत का इलाका भी प्लांटरों को पसन्द आया, क्योंकि यहाँ की जमीन काफी उपजाऊ थी और किसान व्यावसायिक खेती में निपुण थे। यहाँ उनका स्थानीय जमींदारों से गठजोड़ हो गया, जमींदार उन्हें बाहुबल से सुरक्षा देने लगे और प्लांटर वित्तीय संसाधन उपलब्ध कराने लगे। तिरहुत के इलाके में नील की खेती करना बहुत आसान था। अक्तूबर में जैसे

बाढ़ का पानी उतरता, नील के बीज का छिड़काव कर दिया जाता था। खेत तैयार करने की बिलकुल जरूरत नहीं पड़ती। फसल तैयार करने के बाद किसान उसे प्लांटरों को लौटा देता और उसे हर 6 से 8 बोझा के बदले 1 रुपया मेहनताना मिलता।

हालाँकि तिरहुत के इलाके में 1829 से ही किसानों और प्लांटरों के बीच झगड़े शुरू हो गए थे। मामले अदालत में पहुँचने लगे थे। 1856 तक तिरहुत के रैयतों ने प्लांटरों के खिलाफ 38 मुकदमे कर रखे थे। 1833 से पहले तक इस इलाके में प्लांटरों और स्थानीय प्रशासन के बीच सम्बन्ध बहुत मधुर नहीं थे। स्थानीय जमींदारों से भी इनकी नहीं बनती थी, अक्सर झगड़े होते, इसलिए प्लांटर अपनी सुरक्षा के लिए लठैत सिपाही रखने लगे थे। हालाँकि उस दौरान प्लांटरों और किसानों के बीच के आपसी सम्बन्ध ठीक–ठाक थे। शोषण की प्रक्रिया जमींदारों की तरफ से ही चलती थी, क्योंकि वे अपने इलाके के मैजिस्ट्रेट भी होते थे। जैसा कि पहले उल्लेख किया जा चुका है, यहाँ जमींदारों, प्लांटरों और सरकार के बीच रिश्ते 1857 के विद्रोह के बाद बेहतर हुए। तब जाकर शोषण का त्रिकोण बना जिसमें किसान पिसने लगे। विद्रोह होना लाजमी था। तिरहुत में किसानों के विद्रोह का केन्द्र बना वर्तमान मधुबनी जिले का पंडौल, जो उस जमाने में नील उत्पादन का सबसे बड़ा केन्द्र था।

पंडौल में नील की पहली फैक्टरी 1830 में स्थापित हुई थी। इसके कुछ ही समय बाद आसपास के नौ गाँवों में नील की कोठियाँ स्थापित की गईं। पंडौल में किसानों के विद्रोह की वजह कुछ अलग थी। दरअसल प्लांटरों ने लीज पर जमीन ली तो उन्होंने खेतों की मेढ़ें हटवा दीं, क्योंकि बड़े भूभाग पर नील उगाना आसान होता था। मगर जब लीज की अवधि समाप्त हुई तो मेढ़ों की निशानदेही को लेकर किसानों में झगड़े होने लगे। नील प्लांटरों ने इसका फायदा उठाया और किसानों की काफी सारी जमीनें हड़पने लगे। इसके साथ ही हजारों बीघा भीठ की जमीन हथिया कर प्लांटर जबरन वहाँ खेती करवाने लगे। विरोध करने वाले किसानों को मुर्गीखाने में बन्द कर दिया जाता था।

रैयतों ने एकजुट होकर पटना के कमिश्नर के नाम एक पत्र लिखा और उन्हें अपनी शिकायतें बताईं। उन्होंने बताया कि प्लांटर मनगढ़न्त मुकदमे बनाकर किसानों को फँसा देते हैं। दिलचस्प बात यह है कि किसानों ने निलहों के विरुद्ध जाँच समिति के गठन की माँग भी की। समझा जा सकता है कि

बंगाल में जाँच समिति की वजह से किसानों को जो न्याय मिला था, उसकी खबरें तिरहुत के इलाके तक पहुँच गई थीं। किसानों ने राज दरभंगा से भी मामले में हस्तक्षेप करने की माँग की। मगर वहाँ के मैनेजर ने अपनी दयनीय स्थिति का हवाला देते हुए कहा कि हम यही कर सकते हैं कि हम तटस्थ रहेंगे। हालाँकि वे तटस्थ नहीं रहे, उन्होंने प्लांटरों का साथ दिया। वजह यह थी कि प्लांटरों ने जमींदारों के बीच खूब धन वितरित किया था। अधिकारियों ने भी किसानों की शिकायत पर ध्यान नहीं दिया, उल्टे वे प्लांटरों के पक्ष में खड़े रहे।

इन परिस्थितियों में किसानों ने विद्रोह कर दिया। कई गाँवों के रैयतों ने एकजुट होकर नील की खेती करने से इनकार कर दिया। उन्होंने प्लांटरों के कर्मचारियों को भी काम करने से रोकने की कोशिश की। अलग-अलग गाँवों के रैयतों ने अधिकारियों को शिकायती पत्र भेजना शुरू किया। संगठन बन गए, हल-बैल के हिसाब से चन्दा लिया जाने लगा। नील के बदले खाद्यान्न की खेती की जाने लगी। नील प्लांटर पैटरसन और उसके मैनेजर स्मिथ ने भारी सुरक्षा के बीच हथौड़ी कोठी का दौरा किया, मगर उग्र किसानों ने उन्हें वहाँ से खदेड़ दिया। उन्हें जीरात (अपनी जमीन) पर भी नील बोने नहीं दिया गया। इस बीच प्लांटरों ने रैयतों पर झूठे मुकदमे दर्ज कराना जारी रखा। इस संघर्ष की दिशा जमींदारों के विरुद्ध भी हो गई, क्योंकि वे भी नील प्लांटरों के पक्ष में खड़े नजर आते थे।

सरकार और जमींदारों के समर्थन के बावजूद अब तिरहुत के इलाके में नील की खेती कराना मुमकिन नहीं हो पा रहा था। थक-हार कर प्लांटर पश्चिम की दिशा में चम्पारण की तरफ खिसकने लगे, जहाँ उनके लिए खुला मैदान था। वहाँ बेतिया के राजा कर्ज से लदे थे, उन्हें पैसों की जरूरत थी। इस बीच 1880 में दरभंगा महाराज ने यह घोषणा कर दी कि उनके राज में नील की खेती नहीं होगी। लिहाजा तिरहुत के इलाके से उठकर नील की खेती चम्पारण की तरफ चली गई।

तिरहुत से उजड़े प्लांटरों को सबसे मुफीद इलाका चम्पारण का लगा। उन्होंने बेतिया राजघराने का भारी कर्ज चुकाने की गारंटी दी। बदले में निलहों को वहाँ के 2,220 गाँवों में से 1,938 के पट्टे दे दिए गए। वहाँ इनकी मनमानी चलने लगी। खेती के साथ-साथ वही सब शुरू हो गया, जो पहले बंगाल और तिरहुत के इलाके में हुआ था। बंगाल के नील विद्रोह के बाद

स्थितियाँ बदल चुकी थीं, चाहे तिरहुत के हों या चम्पारण के, किसान चुप बैठने वाले नहीं थे। चम्पारण के किसानों ने भी इस अन्याय का प्रतिरोध करने में कोई कसर नहीं छोड़ी। पंडौल के विद्रोह के साथ ही 1867–68 में चम्पारण के किसानों ने भी विद्रोह किया था, तब से विरोध का सिलसिला चलता रहा।

इस बीच 1896 में जर्मनी के जोहेन वेन बेयर ने कृत्रिम नील तैयार कर लिया। अब नील की खेती करने की जरूरत नहीं थी, इसे प्रयोगशाला में कुछ रासायनिक प्रयोग करके आसानी से तैयार किया जा सकता था। बेयर को उनकी इस खोज के लिए 1905 का नोबेल पुरस्कार दिया गया। ऐसी स्थिति में प्राकृतिक नील की माँग भी घटने लगी। इसका सीधा असर निलहे अंगरेजों की कमाई पर पड़ना था। मुनाफा बनाए रखने के चक्कर में निलहे अंगरेजों ने किसानों पर कई तरह के कर लगाना शुरू कर दिया। लीज की शर्तों में बदलाव की कोशिशें होने लगीं।

इन्हीं परिस्थितियों में 1908 में शेख गुलाब, राजकुमार शुक्ल और शीतल राय जैसे किसानों के नेतृत्व में बड़ा आन्दोलन हुआ। लोगों ने नील की खेती छोड़ देने का संकल्प लिया। उस दौरान एक प्लांटर की हत्या भी कर दी गई। मगर प्रशासनिक बल प्रयोग के जरिये उस आन्दोलन को दबा दिया गया। फिर प्रथम विश्वयुद्ध शुरू हुआ, जिससे मची उथल-पुथल के कारण जर्मनी से कृत्रिम नील आना बन्द हो गया। नतीजतन भारतीय नील की कीमत फिर से आसमान छूने लगी। मगर यह कुछ ही सालों की बात थी। उधर युद्ध बन्द हुआ इधर गांधी चम्पारण पहुँचे। अन्ततः नील की खेती और प्राकृतिक नीला रंग बनाने का भारतीय तरीका इतिहास बन गया।

हालाँकि आज जब इस बात को एक सौ साल पूरे हो रहे हैं, एक बार फिर से प्राकृतिक नीले रंग और नेचुरल डेनिम की माँग बढ़ने लगी है। वही जर्मनी जिसने कृत्रिम नील बनाकर दुनिया को रासायनिक रंगों का आदी बनाया था उसने अपने देश में रासायनिक रंगों को प्रतिबन्धित कर दिया है। दूसरे यूरोपीय मुल्क भी उसी नक़्शे कदम पर हैं। ऐसे में नील की माँग फिर से बढ़ने लगी है। इस रंग की माँग हेयर डाय मार्केट में भी है। वहाँ भी अब रासायनिक रंगों को पसन्द नहीं किया जा रहा। दक्षिण भारत के कई इलाकों में नील की खेती फिर से होने लगी है। कुछ साल पहले बिहार के मुजफ्फरपुर में एक सज्जन

ने नील उगाने और प्राकृतिक नीला रंग तैयार करने की कोशिश की थी। मगर उन्हें सफलता नहीं मिली। मगर हो सकता है कोई और सफल हो जाए और नील एक बार फिर से बिहार की जमीन पर उगाया जाने लगे।

चम्पारण और नील के धब्बे

चम्पारण कभी बिहार का एक जिला हुआ करता था। अब यह दो जिलों में बँट गया है—पश्चिमी चम्पारण जिसका मुख्यालय बेतिया है और पूर्वी चम्पारण जिसका मुख्यालय मोतीहारी है। बिहार के पश्चिमोत्तर भाग में स्थित यह इलाका नेपाल और उत्तर प्रदेश की सीमा से सटा है। उन दिनों जब ये बातें हो रही थीं, तब बेतिया और मोतीहारी चम्पारण के दो प्रमुख शहर हुआ करते थे। ये सब-डिवीजन थे। दिलचस्प तथ्य यह है कि 1866 से पहले तक चम्पारण खुद जिला भी नहीं था, वह सारण जिले का हिस्सा था। 1866 में इसे जिला बनाया गया। कहते हैं, इस इलाके के जंगल में चम्पा के फूल बहुतायत में मिलते थे, इसलिए इस इलाके का नाम चम्पारण रख दिया गया। नाम के हिसाब से तो इस इलाके को चम्पई रंग से भरा होना चाहिए था, मगर किस्मत देखिए कि चम्पारण को अक्सर नीले रंग की वजह से याद किया जाता है। जबकि इसके हजारों साल के इतिहास में महज 70 साल ही यहाँ नील की खेती हुई। मगर वह दौर इस इलाके के साथ नत्थी होकर रह गया है। चम्पारण की जब भी बात होगी, नील की खेती और गांधी का भी जिक्र आएगा।

वैसे तो यहाँ तपोवन भी है, जहाँ वाल्मीकि का आश्रम था। कहते हैं, सीता ने अपने आखिरी दिन वहीं गुजारे थे। अब यह इलाका वाल्मीकि नगर के नाम से जाना जाता है, जो वर्तमान बिहार का इकलौता वन क्षेत्र और टाइगर रिजर्व है। यहाँ दोन के जंगल हैं, गंडक नदी पर बराज है। ढेर सारी चीनी मिलें हैं। विश्वविख्यात अंगरेजी उपन्यासकार जार्ज ऑरवेल का जन्म भी इसी इलाके में हुआ था, जिनकी किताबों '1984' और 'एनीमल फार्म' की गिनती दुनिया के सबसे मशहूर राजनीतिक उपन्यासों में होती है। उनके पिता यहाँ ब्रिटिश सरकार के अफीम विभाग में काम करते थे। उनका काम नेपाल की सीमा से लगे इलाकों में अफीम की खेती कराना और उसे चीन भेजना था। मशहूर कवि गोपाल सिंह नेपाली का जन्म भी यहीं हुआ था।

जब नील का दाग़ मिटा

एक जमाने में गंडक नदी, जिसे नारायणी भी कहकर पुकारा जाता है, इस जिले के बीच से होकर बहती थी। अब यह इस इलाके के पश्चिमी भाग से होकर बहती है। गंडक ने जब अपनी धारा बदल ली तो पुरानी धारा की वजह से इलाके में कई बड़े तालाब बन गए। नदी के दक्षिण वाले हिस्से की जमीन बलुआही है। कहते हैं, वह जमीन नील की खेती के लिए मुफीद मानी जाती थी। इसे भीट भी कहते हैं। तराई वाले इलाके में धान की अच्छी खेती होती रही है :

> चम्पारण में धान की इतनी अच्छी खेती होती थी कि इसको लेकर एक लोकोक्ति ही बन गई—
>
> अजब देस मझौवा, जहाँ भात न पूछे कौआ।
>
> यानी मझौवा ऐसा अजूबा देश है, जहाँ कौआ भी भात (पके हुए चावल) को नहीं पूछता है, यानी भाव नहीं देता है। निहितार्थ यह कि यहाँ धान की बहुतायत है।

मझौवा यहाँ का एक परगना था, जिसकी कई कथाएँ हैं। मझौवा के बांगर भी एक समय में काफी मशहूर रहे हैं। ये लोग कम बुद्धिवाले सीधे-सादे लोग थे। इनके नाम से चुटकुले बनाए जाते थे। तराई की आबोहवा अच्छी नहीं थी, लोगों को कई तरह की बीमारियाँ हो जाया करती थीं। इनमें घेघा रोग बहुतायत में होता था। कहते हैं कि इस इलाके के जानवरों को भी घेघ हो जाया करता था। चम्पारण के इतिहास और भूगोल की कथाएँ काफी लम्बी-चौड़ी हैं, उसमें जाने का फिलहाल कोई लाभ नहीं है। बस इतना जान लीजिए कि उस पूरे इलाके में बेतिया राजघराने का शासन चलता था और एक समय तक सब ठीक-ठाक था।

1765 ईस्वी में चम्पारण के राजा जुगल किशोर और अंगरेजों के बीच युद्ध हुआ। इस युद्ध में राजा जुगल किशोर पराजित हो गए और उन्होंने भागकर मध्य प्रदेश के बुन्देलखंड में शरण ले ली। मगर उसके बाद जो हुआ वह एक दिलचस्प दास्तान है। ऐसा शायद ही कहीं और हुआ हो! हुआ यह कि अंगरेजों से बेतिया का राजपाट नहीं सँभला। स्थिति यह हो गई कि मालगुजारी की वसूली भी ठीक से नहीं हो पा रही थी। थक-हारकर अंगरेजों ने फिर से राजा जुगल किशोर को ढूँढ़ा उन्हें बेतिया बुलाया गया। उनसे कहा गया, अपना राज आप ही सँभालिए, हमें बस मालगुजारी दे दिया कीजिए।

हालाँकि इस मामले में भी अंगरेजों ने भाँजी मार ली। उन्होंने जुगल किशोर को पूरा राज नहीं दिया, इस डर से कि कहीं यह राजा मजबूत न हो जाए और फिर से आजाद न हो जाए। उन्हें सिर्फ मझौवा और सिमरौन नामक दो परगने दिए गए। मेंहसी और बबरा परगना उनके दो कुटुम्बों क्रमश: श्रीकृष्ण सिंह और अवधूत सिंह को दिया गया। बाद में मेंहसी और बबरा परगना को मिलाकर शिवहर बना, जो आज एक स्वतंत्र जिला है। दो अन्य जमींदारियाँ बनाई गईं, रामनगर और मधुबन। उनका शासन भी अलग लोगों को सौंपा गया। बाद में कई दशकों के लिए शिवहर मुजफ्फरपुर का हिस्सा बन गया और बेतिया में तीन परगने रह गए। आज इन तीन परगनों से दो जिले बने हैं, पश्चिमी चम्पारण और पूर्वी चम्पारण।

अब चम्पारण में नील की खेती की बात। यहाँ नील की पहली कोठी बारा में स्थापित हुई, फिर तुरकौलिया, पिपरा, मोतिहारी और राजपुर में कोठियाँ तामील की गईं। डॉ. राजेन्द्र प्रसाद अपनी पुस्तक 'सत्याग्रह इन चम्पारण' में लिखते हैं :

> गांधी जब वहाँ पहुँचे थे, उस वक्त तक पूरे चम्पारण में 70 से अधिक कोठियाँ स्थापित हो चुकी थीं। पहले सिर्फ उन इलाकों में कोठियाँ थीं, जहाँ नील की खेती हो सकती थी। बाद में ये पूरे चम्पारण में फैल गए।

अब आप यह समझिए कि चम्पारण के 2,220 में से 1,938 गाँवों पर एक तरह से नील प्लांटरों की हुकूमत चलती थी। इन लोगों को फैलने के लिए इतना बड़ा इलाका कहीं नहीं मिला था, न बंगाल में और न तिरहुत में। इसकी भी एक ठोस वजह थी। दरअसल पहले से हार चुके बेतिया के राजा हमेशा अंगरेजों के दबाव में काम करते रहे, और धीरे-धीरे कर्ज के दलदल में फँसते चले गए। कर्ज इतना हो गया कि व्यवस्था को दुरुस्त करने के लिए टी गिब्बन को वहाँ का मैनेजर बनाया गया और गिब्बन ने विलायत से 85 लाख रुपए कर्ज की व्यवस्था की। कर्ज चुकाने की गारंटी के तौर पर नील प्लांटरों को जमींदारियाँ लीज पर दी गईं, ताकि उनसे मिलने वाली रकम के जरिये बेतिया राज इस भारी-भरकम कर्ज को चुका सके। और इस तकनीकी दाँव-पेंच का फंदा चम्पारण के रैयत की गरदन पर शिकंजे की तरह कसता चला गया।

पहले बेतिया राज ने नील प्लांटरों को मुक़र्ररी ठेका दिया। बाद में रामनगर राज की तरफ से भी ऐसा ही बन्दोबस्त हुआ। इनमें से कई इलाकों में पहले ईख की खेती भी होती थी मगर नील की खेती अधिक फायदेमन्द होने की

वजह से वह बन्द कर दिया गया। अब पूरे इलाके पर नीलवरों का राज था। जमींदार और राजा बस नाम के थे, कर्ज के दलदल में फँसे, लाचार, बेबस। हालाँकि 2000 वर्ग मील के बेतिया राज को चलाने के लिए पहले भी छोटे-छोटे ठेकेदारों की जरूरत पड़ती थी। मगर पहले सारे ठेकेदार देसी थे। बाद में इन ठेकेदारों की जगह अंगरेज व्यापारी लेने लगे।

नील प्लांटर चम्पारण में दो तरीके से नील की खेती कराते थे। जीरात और असामीवार। जीरात खेती वह होती थी, जिसमें प्लांटर खुद अपने संसाधनों से नील उगाता था। असामीवार खेती में नील की खेती करने का जिम्मा रैयत का होता था। प्लांटर रैयत को बीज मुहैया कराते थे और रैयत फसल तैयार करके वापस करते थे। बदले में रैयत को मेहनताना के तौर पर प्रति बीघा निश्चित राशि दी जाती थी। हालाँकि दोनों परिस्थितियाँ रैयत के लिए परेशानी का सबब थीं। जीरात खेती में रैयत को मुफ्त मजदूरी करनी पड़ती थी। असामीवार खेती में उन्हें अपनी सबसे उपजाऊ जमीन पर बहुत थोड़े से पैसों के लिए नील उगाना पड़ता था। सबसे दु:खद बात थी कि देश को गुलाम बनाने वाले ब्रिटिश जमात का एक सदस्य उनके इलाके में बैठा था। वह अपने अमले के जरिये उसकी रोजाना की जिन्दगी में हस्तक्षेप करता था। सरकार ने उसे ऑनरेरी मजिस्ट्रेट बना दिया था। वह इन तमाम शक्तियों का इस्तेमाल अपने व्यापार को बढ़ाने में, नील की खेती से अधिक से अधिक लाभ कमाने में करता था। और उसकी छोटी से छोटी असुविधा का ख्याल रखने के लिए ब्रिटिश सरकार मौजूद थी।

असामीवार खेती की चम्पारण में एक तयशुदा व्यवस्था थी, जिसे बाद में 'तिनकठिया' प्रथा का नाम दिया गया। व्यवस्था यह थी कि हर रैयत को अपनी जमीन में से कुछ तय हिस्से पर नील की खेती करनी पड़ती थी। पहले यह पाँच कट्ठा प्रति बीघा था, जो बाद में तीन कट्ठा प्रति बीघा हुआ और इसका नाम तिनकठिया पड़ गया। 1908 के बाद तय हुआ कि इसे दो कट्ठा प्रति बीघा कर दिया जाए, मगर हकीकत में कभी यह लागू नहीं हो पाया। इसलिए यह तिनकठिया का तिनकठिया ही रह गया। इसके अलावा यह भी नियम बनाया गया था कि जिस जमीन पर नील की खेती की जाती थी, उसकी मालगुजारी नहीं ली जाएगी। मगर हर जगह यह नियम ठीक से लागू नहीं हो पाया।

अब नील की खेती के मेहनताने की बात। 1867 से पहले यह प्रति बीघा 6 रुपए 8 आने की दर से दी जाती थी। 1867 में मधुबनी के पंडौल में नील किसानों का विद्रोह फूटा, जिसकी आग चम्पारण तक पहुँच गई और उसके बाद यह मेहनताना एक झटके में बढ़कर 9 रुपए हो गया। फिर 1878 में यह 10 रुपए 5 आना और 1887 में 12 रुपए हो गया। 1909 में गोरले की रिपोर्ट के बाद एक बार फिर बढ़ोतरी हुई और यह 13 रुपए 8 आना हो गया। दिलचस्प तथ्य यह है कि एक बार भी मेहनताना खुद-बखुद नहीं बढ़ा, बल्कि हर बार रैयत के विद्रोह के बाद इसे मजबूरी में बढ़ाना पड़ा।

चम्पारण में पहला नील विद्रोह 1867 में हुआ। उसी साल इससे पहले मधुबनी के पंडौल में विद्रोह हो चुका था। यहाँ लाल सरैया कोठी में पहला विद्रोह हुआ। इस कोठी के तहत आने वाले मौजा जोकठिया के किसानों ने नील की बजाय दूसरी फसल बो दी। देखा-देखी दूसरे गाँव वालों ने भी उनके समर्थन में नील की खेती बन्द कर दी। जल्द ही ऐसा लगने लगा कि चम्पारण से नील की खेती ही उठ जाएगी। लाल सरैया कोठी कोई मामूली कोठी नहीं थी। कोठी का मालिक जेम्स मेक्लियोड बहुत धनी और रसूख वाला व्यक्ति था, उसे 'किंग ऑफ प्लांटर' कहा जाता था। एक समय लाल सरैया स्थित उसके अस्तबल में 120 घोड़े थे। विद्रोह के दौरान उसकी कोठी का बंगला भी जल गया। प्लांटरों ने दोष किसानों पर मढ़ना चाहा, मगर कोई सबूत नहीं मिला।

डॉ. राजेन्द्र प्रसाद अपनी पुस्तक में लिखते हैं :

> दिलचस्प बात यह है कि 1867 के विद्रोह के वक्त रैयत की शिकायतें वही थीं, जो 1917 में रैयतों ने हमें बताईं।

अपनी रिपोर्ट में उस वक्त (1867 में) पटना के कमिश्नर ने लिखा था :

> नील की खेती से रैयत को न कोई लाभ होता है, बल्कि यदा-कदा उन्हें नुकसान ही झेलना पड़ता है। नील की खेती के लिए उनसे उनकी सबसे अच्छी जमीन ले ली जाती है। नील की खेती करना काफी मुश्किल काम है। फैक्टरी के लोग रैयत को दबाने का काम करते हैं। इस विद्रोह के बाद ऐसा लगने लगा है कि कहीं पूरे चम्पारण से ही नील की खेती ही न उठ जाए।

मगर स्थानीय प्रशासन का सहयोग प्लांटरों के लिए मददगार साबित हुआ। प्लांटरों की शिकायत पर मोतिहारी में दो जजों की बेंच वाली छोटी सी कचहरी स्थापित की गई। उस कचहरी में प्लांटरों द्वारा रैयत के खिलाफ दायर किए गए मुकदमों की त्वरित सुनवाई शुरू हुई। इसका सबसे बड़ा फायदा प्लांटरों को यह हुआ कि रैयत के बीच उनके शक्तिशाली होने का सन्देश गया। उन्हें यह समझ में आया कि प्लांटरों की पहुँच इतनी तगड़ी है कि इनके कहने पर सरकार कचहरी लगा देती है। बाद के दिनों में भी ऐसा हुआ, प्लांटरों के कहने पर सरकार ने स्पेशल रजिस्ट्रार तक नियुक्त कर दिए। इस प्रभाव का असर था और नील की खेती के मेहनताने में की गई वृद्धि भी एक वजह थी कि विद्रोह थम गया। उस वक्त एक झटके में यह मेहनताना 6 रुपए 8 आना से बढ़ाकर 9 रुपए कर दिया गया था।

प्लांटर विद्रोह को रोकने में कामयाब हो गए, लेकिन रैयतों का यह प्रयास व्यर्थ नहीं गया। विद्रोह काफी असरदार साबित हुआ। स्थानीय प्रशासन ने जरूर अपनी तरफ से मामले को दबाने की कोशिश की मगर भारत सरकार तक यह सन्देश पहुँच गया कि मामला संगीन है। उस वक्त भारत सरकार की ओर से टिप्पणी की गई कि इस व्यवस्था की गड़बड़ियाँ काफी बड़ी हैं, अगर समय रहते इसे ठीक नहीं किया गया तो सरकार को हस्तक्षेप करना पड़ेगा। सरकार का आकलन सही था। महज चार साल बाद 1871 में फिर से विद्रोह शुरू हो गया क्योंकि उस वक्त केवल मेहनताना बढ़ाया गया था, दूसरी विसंगतियों को ठीक नहीं किया गया था।

यह विरोध लगातार चलता रहा। स्थिति ऐसी हो गई कि 1875 ईस्वी में पटना के कमिश्नर ने नील विद्रोह के कारणों का पता लगाने के लिए एक जाँच आयोग गठित करने की सिफारिश कर दी। मगर उस वक्त के लेफ्टिनेंट गवर्नर सर रिचर्ड टेम्पल को यह राय पसन्द नहीं आई। उन्हें लगा कि जाँच आयोग की घोषणा से विद्रोह और भड़क उठेगा, हर तरफ यह साबित करने की होड़ मच जाएगी कि प्लांटर दोषी हैं और वे रैयत का काफी शोषण करते हैं। इसलिए उन्होंने जाँच आयोग गठित करने के बदले डिस्ट्रिक्ट अफसरों को ही जाँच की जिम्मेदारी दी। उन्हें निर्देश दिया गया कि इस मामले की निष्पक्ष जाँच करें और उसी हिसाब से समाधान करें।

मगर जैसा कि जाहिर था, गड़बड़ियाँ ठीक नहीं हो पाईं। दरअसल स्थानीय प्रशासनिक अधिकारी और प्लांटरों का अन्दरूनी रिश्ता कायम हो गया था।

लिहाजा 1877 में महज दो साल बाद, पटना के नए कमिश्नर स्टुअर्ट बेली को फिर से यह मामला उठाना पड़ा। उस वक्त सर एश्ले ईडन नए लेफ्टिनेंट गवर्नर बन चुके थे, जो बंगाल के नील आयोग की जाँच के दौरान वहाँ सक्रिय रहे थे। उन्होंने भी जाँच आयोग के गठन के बदले प्लांटरों पर सुधार के लिए दबाव डालना शुरू किया। इस सख्ती को देखते हुए प्लांटरों ने बिहार प्लांटर एसोसिएशन का गठन कर लिया।

पहली ही बैठक में प्लांटर मेहनताना 9 रुपए से बढ़ाकर 10 रुपए 5 आना करने पर राजी हो गए थे। यह दिलचस्प बात है कि जब-जब रैयत ने विद्रोह किया, प्लांटरों ने मेहनताना बढ़ाया, मगर उन्होंने कभी बुनियादी सुधार नहीं किए। सरकार भी उन पर ऐसा करने के लिए दबाव नहीं बना पाई। 1887 में बिहार में अकाल पड़ा तो मेहनताना बढ़ाकर 12 रुपए कर दिया गया, मगर केवल इस उपाय से रैयतों की समस्याएँ समाप्त नहीं हुईं। वे समय-समय पर विद्रोह करते रहे।

अब रकबे की बात। 1892-99 की पैमाइश के वक्त चम्पारण में 95,970 एकड़ जमीन पर नील उगाई जाती थी। इनमें से एक चौथाई जमीन जीरात की थी और तीन चौथाई असामीवार। उस दौरान यहाँ नील के अलग-अलग कारखानों में 33 हजार मजदूर काम करते थे। मगर जर्मनी में कृत्रिम नील के आविष्कार के बाद भारतीय प्राकृतिक नील की माँग तेजी से घटने लगी। 1905 आते-आते यह रकबा घटकर 47,800 एकड़ रह गया। 1914 आते-आते चम्पारण में सिर्फ 100 एकड़ जमीन पर नील की खेती होती थी। मगर प्रथम विश्व युद्ध छिड़ने पर भारतीय नील की माँग में एक बार फिर तेजी से उछाल आया। 1916 में नील की खेती का रकबा बढ़कर 21,900 एकड़ हो गया और 1917 में, जिस साल गांधी चम्पारण आए थे यहाँ 26,848 एकड़ जमीन में नील बोई गई थी। इसमें दो तिहाई असामीवार जमीन थी, और एक तिहाई जीरात। उस वक्त यहाँ दो तरह के नील की खेती होती थी। सुमात्रा नील और जावा नेटाल नील। नील के 100 मन पौधे से नील की 10 सेर गोटियाँ तैयार होती थीं :

> रैयतों से जबरन नील की खेती कराना, नील के बदले दूसरे फसल की खेती करवाना, मारपीट करना, जीरात जमीन पर मुफ्त में मजदूरी करवाना आदि तो नील प्लांटरों और उनके सिपाहियों का रोज का काम था। ये ज्यादतियाँ

> रैयतों को परेशान करने के लिए काफी थीं। लेकिन प्लांटरों द्वारा साल भर तरह-तरह के अबवाब (टैक्स) वसूलने की व्यवस्था पहले से ही गरीब रैयतों की हड्डी पर रत्तीभर मांस नहीं चढ़ने देता था। डॉ. राजेन्द्र प्रसाद लिखते हैं कि चम्पारण में नील की खेती करने वाले किसानों से 40 तरह के टैक्स वसूले जाते थे और अगर जुर्मानों की संख्या जोड़ दी जाए तो यह संख्या 50 के पार चली जाती है।

जो सामान्य टैक्स थे वे इस तरह के थे। पैन ख़र्चा यानी नहर की सिंचाई का टैक्स। भले नहर में पानी हो न हो, किसानों के खेत तक पानी पहुँचे न पहुँचे, तीन रुपए प्रति बीघा की दर से पैन खर्चा देना ही पड़ता था। इसके बाद हलवाही टैक्स था। जो लोग हल चलाते थे उन्हें यह कर चुकाना पड़ता था। ये सब खेती-किसानी से जुड़े टैक्स थे जो कहीं सलामी, कहीं तिनकठिया, कहीं लगान, कहीं बाँध बेहरी तो कहीं बेटमाफ़ी के नाम से वसूले जाते थे।

प्लांटरों ने सिर्फ नील की खेती के लिए जमीन लीज पर ली थी मगर अपने इलाके में बसने वाले हर तरह के कारोबारी से वे अलग-अलग तरह के टैक्स वसूलते थे। कोल्हू चलाकर तेल या गन्ना की पेराई करने वालों से कोल्हुआवन, हल्दी तैयार करने वालों से चुल्हियावन, दूध और तेल बेचने वालों से बाटछपी और गल्ले का कारोबार करने वालों से बेचाई टैक्स लिया जाता था।

पर्व-त्योहारों पर भी टैक्स वसूलने की प्रथा थी। होली पर फगुआही, दशहरा पर दसहरी, चैत नौमी और दवात पूजा। मतलब यह कि आपको अपना त्योहार मनाने के लिए भी अंगरेजों को टैक्स देना है। इसके बाद उन टैक्सों का नम्बर आता था जो प्लांटर अपनी सुविधाओं के लिए लेते थे :

> अगर प्लांटर हाथी खरीदे तो रैयत को हथियही टैक्स देना पड़ता था। घोड़ा खरीदे तो घोड़ही, मोटरकार खरीदे तो मोटरही, नाव बनाए तो नवही। प्लांटर अपनी सुविधा के लिए कोई सामान खरीदते और रैयतों पर टैक्स लगा देते। टैक्स अमूमन सामान की कीमत से अधिक ही वसूला जाता। इतना ही नहीं साहब बीमार पड़े तो उनके सिपाही घवही टैक्स वसूलते, उनके बगीचे में आम या कटहल अधिक हो जाता तो रैयतों में बाँट दिया जाता फिर कीमत के रूप में अमही और कटहलही टैक्स वसूला जाता। साहब किसी गाँव में दौरे पर जाते तो हर रैयत को उन्हें सलाम करने पहुँचना पड़ता और सलामी खाली हाथ नहीं दी जा सकती थी। हर सलामी पर कम से कम एक रुपया तो देना ही पड़ता था।

इसके बाद अजब-गजब टैक्सों का नम्बर आता था। जैसे बपही-पुतही, जो पिता की मृत्यु के बाद बेटे से वसूला जाता था। इसके बाद ही बेटे का पिता की सम्पत्ति पर हक साबित होता था। मड़वच टैक्स लड़की की शादी करने वाले परिवार से मड़वा छाने के एवज में वसूला जाता था। एक टैक्स था सगौड़ा, यह टैक्स तब वसूला जाता था जब किसी विधवा की सगाई होती थी।

एक दिलचस्प टैक्स था रसीदवन। यह मालगुजारी के लिए छपने वाली रसीद के लिए वसूला जाता था। कितने टैक्सों की अलग से चर्चा की जाए! वास्तव में प्लांटर और उसके सिपाही हर-हमेशा टैक्स वसूलने के मौके तलाशते रहते थे। रैयत साल भर में जो कमाते वह किसी न किसी बहाने प्लांटर वसूल ही लेते।

टैक्सों के बाद जुर्माने का नम्बर आता। अलग-अलग गलती पर अलग-अलग जुर्माना होता था। राजेन्द्र बाबू ने एक खास जुर्माने का जिक्र किया है, वह है सिंगारहाट। यह जुर्माना उस पुरुष से वसूला जाता था जिस पर किसी स्त्री के साथ नाजायज सम्बन्ध रखने का जुर्म साबित हो जाता था। इस तरह के कई अजीबोगरीब जुर्माने थे।

प्लांटर इन टैक्सों और जुर्मानों को जायज बताते थे। वे कहते थे अगर ये टैक्स न वसूले जाएँ तो उनके पास कुछ बचेगा ही नहीं। नील की खेती से तो जमींदारी का किराया ही चुकता होता है। वे यह भी कहते कि इस तरह के टैक्स बहुत पुराने समय से चले आ रहे हैं और हिन्दुस्तानी जमींदार भी वसूलते रहे हैं। जबकि 1793 के स्थायी बन्दोबस्त के बाद से ही सरकार ने ऐसी किसी भी टैक्स वसूली पर रोक लगा दी थी :

> खुद अंगरेजों द्वारा बनाए गए बंगाल टेनेंसी एक्ट में कहा गया था कि अगर किसी जमींदार पर टैक्स वसूलना साबित हो जाए तो उससे दुगुना टैक्स वसूल कर रैयत को वापस दिलाया जाए। मगर बंगाल का यह कानून सौ साल बीत जाने पर भी चम्पारण में लागू नहीं हो पाया था।
>
> बेलवा कोठी के प्लांटर मिस्टर एम्मन ने बड़ी बेशर्मी से जाँच कमीशन के सामने बयान देते हुए कहा था, अबवाब लेने में ठेकेदारों का क्या दोष? उन्हें तो रैयतों को चूसने के लिए ही रखा जाता है और मालिक का रुपया जुटाने के लिए रैयतों को चूसना उनके लिए जरूरी है।

1906 में एक बार फिर विद्रोह भड़का। तेल्हाड़ा फैक्टरी के मैनेजर ब्लूमफील्ड की रैयतों ने हत्या कर दी। यह हत्या क्यों की गई इसकी पुष्ट

जानकारी कहीं नहीं मिलती। केवल एक जगह विन्ध्याचल प्रसाद गुप्त के उपन्यास 'नील के धब्बे' में इसका विस्तृत जिक्र है। इस उपन्यास की शुरुआत ही तेल्हाड़ा से होती है। उसमें वहाँ के मैनेजर ब्लूमफील्ड का भी उल्लेख है। उपन्यास के अनुसार रैयत लोग ब्लूमफील्ड की हत्या कर देते हैं, क्योंकि वह अपने पति के साथ ससुराल जा रही नई-नवेली दुल्हन को जबरन रात भर कोठी में रखता है और उसके साथ दुराचार करता है। चम्पारण के कुछ इलाकों में लोग आज भी यह कहते हैं कि वहाँ के नील प्लांटरों ने यह रीत बना रखी थी कि नई दुल्हन की पहली रात प्लांटरों के बिस्तर पर गुजरेगी।

मगर यह बात कितनी सच है, कहना मुश्किल है। बहुत मुमकिन है कि ब्लूमफील्ड के मामले में यह बात सच हो। मगर यह परम्परा बन जाए यह बात जँचती नहीं है, खास तौर पर उस वक्त के सजग माहौल को देखते हुए ऐसे किसी प्रचलन का कायम रहना आसान नहीं लगता है। बहरहाल ब्लूमफील्ड की हत्या के मामले में यह बात इसलिए सही मालूम होती है, क्योंकि एक अंगरेज प्लांटर की हत्या के बावजूद जिस तरह का विरोध और दमन ब्रिटिश सरकार द्वारा होना चाहिए था, वह नजर नहीं आया। सम्भवत: अंगरेज अधिकारी भी अपने देश के एक नागरिक के इस कृत्य से शर्मिन्दा हो गए थे।

बहरहाल इस हत्याकांड में कई लोगों पर मुकदमा चला, तीन लोगों को स्थानीय अदालत में सजा-ए-मौत सुनाई गई। मगर अपील के बाद उनकी सजा घटाकर 6 साल की कैद कर दी गई। यह भी इस बात का संकेत है ब्लूमफील्ड के मामले में अंगरेज बैकफुट पर थे। इस घटना के एक साल बाद ही साठी कोठी के इलाके में विद्रोह शुरू हुआ जो अगले साल तक फिर से पूरे चम्पारण में फैल गया। 1908 का नील विद्रोह चम्पारण के लोगों के लिए यादगार साबित हुआ। इसी के बाद गोरले साहब इस इलाके में जाँच करने आए।

1908 : क्रूरता, दमन और विद्रोह का साल

अपनी पुस्तक 'सत्याग्रह इन चम्पारण' में डॉ. राजेन्द्र प्रसाद लिखते हैं :

> 'अगर आप चींटी को भी तंग करें तो बदला लेने के लिए वह डंक जरूर मारती है। फिर वे लोग तो जीते-जागते इनसान थे, भला कब तक बरदाश्त करते।'

1906 में ब्लूमफील्ड की हत्या के बाद जो विद्रोह की चिनगारी भड़की उसने 1908 तक विशाल रूप ले लिया और उसे सरकार तभी दबा पाई, जब बड़ी संख्या में रैयतों पर मुकदमे किए गए और उन्हें जेल भेजा गया। इलाके में फोर्स की बड़े पैमाने पर तैनाती की गई और लोगों पर सामूहिक जुर्माना लगाया गया। ब्रिटिश सरकार ने अपनी पूरी ताकत लगाकर भले ही इस विद्रोह को दबा दिया मगर 1908 का साल चम्पारण के किसानों के लिए एक ऐतिहासिक साल बन गया। यह साल किसानों के स्थानीय नायकों शेख गुलाब, शीतल राय और राजकुमार शुक्ल की शूरवीरता और समझ-बूझ के लिए जाना जाता है। इन कम पढ़े-लिखे नेताओं ने किसानों को संगठित किया, उन्हें नील की खेती न करने के लिए तैयार किया और उनमें सामूहिक चेतना विकसित की। भले इस विद्रोह में बंगाल के नील विद्रोह वाला तेवर नहीं आ पाया और ये लोग चम्पारण से नील की खेती खत्म नहीं करवा सके, फिर भी उन्होंने अर्से से त्रस्त किसानों को निलहों के अत्याचार से छुटकारे की राह दिखा दी। इसलिए यह आन्दोलन एक यादगार पड़ाव है। इसी आन्दोलन की उपज थे राजकुमार शुक्ल जैसे नेता, जिन्होंने 1917 तक इस आग को जिन्दा रखा और किसानों की मदद के लिए गांधी को बुलाया।

इस पूरे प्रकरण की शुरुआत 1907 में हुई। साल के शुरुआती महीने की बात है, साठी कोठी से जुड़े किसानों ने नील बोने से इनकार कर दिया। इन किसानों का कहना था कि पिछले साल की भीषण बाढ़ से उनकी धान की फसल चौपट हो गई है, इसलिए पहले वे अपने खाने-पीने का इन्तजाम करेंगे, फिर नील उगाएँगे। कह सकते हैं, किसानों ने इसी बहाने से नील की खेती का बोझ उतार फेंकने की कोशिश की थी। मगर प्लांटर मान नहीं रहे थे, उनका कहना था कि उन्हें इस बात से कोई मतलब नहीं कि धान की खेती हुई या नहीं। उन्हें तो शर्त के मुताबिक अपने हिस्से की जमीन पर नील की फसल हर हाल में चाहिए। इस बात को लेकर दोनों पक्षों में ठन गई। प्लांटर अपने लठैतों के जरिये किसानों को धमकाने लगे। इसी मसले को लेकर मार्च, 1907 में कुछ रैयतों ने मोतिहारी के मजिस्ट्रेट को याचिका देकर शिकायत की :

'पिछले 6-7 सालों से साठी फैक्टरी के लोग आपके आवेदकों को कई तरीके से परेशान कर रहे हैं। उनसे भारी किराया वसूला जा रहा है और बेगार करवाया जा रहा है। उनकी मरजी के खिलाफ बहुत कम मेहनताने में उनसे

नील की खेती करवायी जाती है। उन पर और दूसरे किसानों पर झूठे मुकदमे दायर करवाए जा रहे हैं।'

जब जोर–जबरदस्ती के बावजूद किसान नील बोने के लिए तैयार नहीं हुए तो साठी फैक्टरी के मैनेजर एफ.सी. कॉफिन ने ब्रिटिश सरकार से मदद की गुहार लगाई। इस पर मजिस्ट्रेट ने एक नई तरकीब निकाली। उन्होंने रैयतों में से ही कुछ किसानों को स्पेशल कांस्टेबल नियुक्त कर दिया। उन्हें जिम्मेदारी दी गई कि वे किसानों–रैयतों से अनुबन्ध की शर्तें पूरी कराने में प्लांटरों की मदद करे। मकसद यह था कि जब गाँव के दबंग लोग कहेंगे तो किसान नील की खेती से इनकार नहीं कर पाएँगे। यह तरकीब अगर सफल होती तो गाँव वालों में फूट पड़ जाती।

मगर प्लांटरों का दुर्भाग्य था कि यह तरीका कामयाब नहीं हुआ। जिन लोगों को स्पेशल कांस्टेबल नियुक्त किया गया था, उनमें साठी के किसान शेख गुलाब का भी नाम था। उन्होंने यह प्रस्ताव ठुकरा दिया। इससे बाकी लोगों के कांस्टेबल बने रहने का कोई अर्थ नहीं रहा, क्योंकि गाँव के सबसे प्रभावशाली किसान नेता शेख गुलाब ही थे। लिहाजा किसान नील नहीं बोने के अपने फैसले पर कायम रहे।

जब यह तरकीब कामयाब नहीं हुई तो प्लांटरों ने मुकदमेबाजी की अपनी पुरानी तरकीब का सहारा लिया। अगस्त, 1907 में साठी फैक्टरी के गुमाश्ता सुन्दरमन राय से फौजदार दुबे नामक एक किसान नेता के खिलाफ मारपीट का मुकदमा दर्ज कराया गया। गुमाश्ता ने शिकायत की थी कि फौजदार दुबे और कुछ दूसरे लोग मिलकर कालीचरण तेली को जबरन नील बोने से रोक रहे थे और जब उन्हें पकड़ने के लिए वह वहाँ गया तो इन लोगों ने उससे मारपीट की। इस मामले में बेतिया के मजिस्ट्रेट ने फौजदार दुबे को सजा सुना दी। इस बात को लेकर किसान फिर से उग्र हो गए। उन्होंने तत्काल चम्पारण के डिस्ट्रिक्ट कलेक्टर को आवेदन दिया :

> ''तीन कट्ठा प्रति बीघा की दर से नील की खेती करवाने के बदले फैक्टरी वालों ने नया सिस्टम लागू कर दिया है। वे आधे खेत में किसानों को नील उगाने के लिए मजबूर करते हैं, आधे में जौ। वे जौ उगाने के बदले सिर्फ 15 रुपए प्रति बीघा का मुआवजा देते हैं, जबकि हमारा खर्च ही 45 रुपए प्रति बीघा चला जाता है।''

"अगर नील और जौ की खेती कराने के बावजूद तीन कट्ठा प्रति बीघा की मियाद पूरी नहीं होती तो वे हमसे बची जमीन में धान की खेती करने के लिए कहते हैं। हमें 25 मन प्रति बीघा की दर से धान अदा करना पड़ता है, अगर यह नहीं हो पाए तो बाजार मूल्य के हिसाब से उसकी कीमत चुकानी पड़ती है। फैक्टरी की तरफ से इसका कोई मुआवजा भी नहीं दिया जाता। इसके अलावा हलवाही, मजदूरी और बैलगाड़ी का भाड़ा भी प्रचलित मूल्य से आधा ही चुकाया जाता है। कई बार तो वह भी नहीं दिया जाता है।"

ये शिकायतें प्लांटरों की चालबाजियाँ उजागर कर रही थीं। इससे पहले तक ऐसा माना जाता था कि चम्पारण के किसान तिनकठिया प्रथा से परेशान हैं। रैयत इस बाध्यता से मुक्ति चाहते हैं। इसी वजह से बार-बार आन्दोलन करते हैं। मगर इस पत्र से और दूसरे प्रकरणों से जाहिर है कि 1906 और उसके बाद की हलचलों की वजह सिर्फ तिनकठिया प्रथा नहीं थी। इसकी वजहें शरहबेशी, हुंडा और हरजा जैसी प्रथाएँ थीं, जिनसे निलहे अंगरेजों ने उन दिनों रैयत को परेशान करना शुरू कर दिया था। दरअसल उन दिनों उन्हें जर्मनी के कृत्रिम नील की वजह से काफी घाटा हो रहा था और वे आमदनी के दूसरे तरीके तलाशने में जुटे थे।

जर्मनी के सस्ते नील का मुकाबला करने के लिए भारत में निलहे अंगरेजों ने वैज्ञानिकों के जरिये कई तरह के प्रयोग करवाए, रैयतों से लगभग मुफ्त में खेती करवाई, जुर्मानों से कमाई करने की कोशिश की मगर फिर भी नील की खेती करना हाथी पालने सरीखा साबित हो रहा था। ऐसे में निलहे अंगरेज खुद नील की खेती का रकबा घटाने में जुटे थे। इस दौरान इन अंगरेज प्लांटरों ने ऐसी तरकीबों में समय खपाना शुरू किया जिससे नील से हुए नुकसान की भरपाई हो सके। इसके लिए उन्होंने शरहबेशी, हुंडा और हरजा जैसे तरीके अपनाए।

पहले तो उन्होंने नील के लिए सुरक्षित जमीन पर किसानों से धान की खेती करानी शुरू की। वे धान की पूरी फसल नाममात्र राशि अदा कर उनसे ले लेते थे। बाद में उन्होंने यह तय किया कि किसान चाहे तो उस जमीन में उपजने वाले धान की कीमत अदा कर दे और फिर वह उस जमीन पर जो चाहे उगाए। इसे हुंडा का नाम दिया गया। इस बीच सरकार ने भी निर्देश जारी किया कि नील प्लांटर चाहे तो किसानों से नील की खेती करा सकते हैं, अगर किसान न चाहें तो वे हरजा ले सकते हैं। इससे हरजा नामक प्रथा चलन में आई।

इनमें सबसे रोचक सिस्टम शरहबेशी का था, जो बाद के वर्षों में लागू हुआ। इसके तहत निलहे अंगरेजों ने किसानों से एग्रीमेंट कराना शुरू किया कि वे अपनी मरजी से लगान बढ़वाने के लिए तैयार हैं। नील प्लांटरों के इस अभियान का स्वागत अंगरेजी सरकार के लोगों ने इस तरह किया कि हर नील कोठी पर एक-एक रजिस्ट्रार बिठा दिया गया ताकि उन्हें एग्रीमेंट कराने में असुविधा न हो :

> इस एग्रीमेंट के लिए रैयतों पर तरह-तरह के जुल्म किए गए। पेड़ से बाँध कर चमड़े की चमोटी से पीटना, मुरगीखाने अथवा गोटीघर में बन्द करना, घर पर सिपाही बिठाना, पानी रोकने के लिए दरवाजे पर धांगड़ को खड़ा करना, बाँध कर धूप में सुलाना, बाँध कर सिर पर लकड़ी या पत्थर का बोझ रखना, हज्जाम-धोबी से काम बन्द करने का दबाव डालना, झूठे मुकदमे चलाकर जेल भिजवाना, रास्ता बन्द करना, जानवरों को जाने नहीं देना आदि उपाय अपनाए गए। हर गाँव में किसी प्रतिष्ठित किसान को इन तरीकों से मजबूर कर दिया जाता और फिर उनकी देखा-देखी दूसरे लोग भी शरहबेशी के लिए तैयार हो जाते।

इससे जिले भर में अचानक मालगुजारी 60 फीसदी बढ़ गई। एक कोठी ने नया तरीका निकाला। उसने पहले रैयतों से बन्दोबस्ती वापस ले ली, फिर उन्हीं रैयतों से बढ़ी मालगुजारी पर नया बन्दोबस्त कर लिया। यह तरीका उस प्रावधान के तहत निकाला गया था, जिसमें कहा गया था कि अगर रैयत मालगुजारी देने की स्थिति में न हो तो बन्दोबस्त रद्द करा सकता है। मगर रोचक तथ्य यह था कि जो रैयत कम मालगुजारी देने की स्थिति में नहीं होने के कारण बन्दोबस्त रद्द करा रहा था, बाद में वही नई बन्दोबस्ती के जरिये अधिक मालगुजारी देने को तैयार था।

नील की कीमतों में आई गिरावट की वजह से अंगरेजों का जो दमन-चक्र तेज हुआ उसने लोगों को विद्रोह करने के लिए विवश किया। हालाँकि 1915 आते-आते प्राकृतिक नील की कीमत में फिर से उछाल आ गया। दरअसल जर्मनी से कृत्रिम नील का आना बन्द हो गया था। ऐसे में यही प्लांटर नील की खेती फिर से करवाने के लिए दूसरे उपाय अपनाने लगे।

खैर, यहाँ हम 1907 के साठी आन्दोलन की बात कर रहे हैं। किसानों की इस शिकायत पर मजिस्ट्रेट टीएस मैक्फर्सन ने बेतिया के सब डिविजनल अफसर मि. टेनर से मामले की जाँच करने को कहा। कई पुस्तकों में ऐसा जिक्र है कि मि. टेनर ने जाँच में लीपापोती की। प्लांटरों ने उन्हें कुछ खास इलाकों में घुमाया जहाँ रैयत उनके पक्षधर थे या फिर दबाव में थे। एक ही दिन में दो-तीन मौजों का चक्कर लगाकर वे लौट गए और प्लांटरों को क्लीन चिट दे दी। जाहिर-सी बात है कि साठी गाँव के किसान इस जाँच से सन्तुष्ट नहीं थे। किसान नेता शेख गुलाब को समझ आ गया कि स्थानीय अधिकारी हमेशा प्लांटरों का ही पक्ष लेते हैं, इसलिए उन्होंने सीधे लेफ्टिनेंट गवर्नर से इस बात की शिकायत कर दी। हालाँकि उस शिकायत का भी कुछ खास लाभ नहीं निकला।

उसी साल नवम्बर के महीने में लौरिया थाना के सब-इंस्पेक्टर ने बेतिया के मजिस्ट्रेट को सूचित किया कि कुछ रैयत दूसरे किसानों को नील की खेती करने और लगान चुकाने से रोक रहे हैं। उनकी शिकायत पर किसानों के खिलाफ कार्रवाई की गई। सितम्बर, 1907 में शेख गुलाब समेत कुछ लोगों को जेल भेज दिया गया, कुछ लोगों से जमानत के रूप में ठीक-ठाक राशि ली गई। कहते हैं, जेल में शेख गुलाब के साथ खूब ज्यादतियाँ की गईं और इस दौरान बाहर उनकी सम्पत्ति भी नष्ट कर दी गई। इसके खिलाफ भी लोगों ने लेफ्टिनेंट गवर्नर से शिकायत की, मगर उस पर भी कोई कार्रवाई नहीं हुई।

एक तरफ नील प्लांटरों के पक्ष में स्थानीय प्रशासन साठी के रैयतों के खिलाफ लगातार कार्रवाई कर रहा था, मगर दूसरी तरफ साठी फैक्टरी के इलाके के लोग किसी भी सूरत में नील की खेती करने के लिए तैयार नहीं थे। मजबूर होकर फैक्टरी वालों को नील की खेती ही छोड़ देनी पड़ी और साठी के इलाके से नील की खेती हमेशा के लिए खत्म हो गई। हालाँकि इसका मतलब यह नहीं था कि फैक्टरी वालों ने हार मान ली। उन्होंने बदला चुकाने और किसानों को परेशान करने के लिए दूसरा तरीका निकाला। 1880 में फैक्टरी वालों ने एक नहर खुदवायी थी। तय यह हुआ था कि नील की खेती करने वाले किसानों से इस नहर का पानी इस्तेमाल करने के बदले कोई किराया नहीं लिया जाएगा। मगर जैसे ही साठी के किसानों ने नील की खेती

बन्द की उन पर नहर का किराया 3 रुपए प्रति एकड़ की दर से लाद दिया गया। इसके भी कई किस्से हुए। जिनके खेतों में पानी नहीं पहुँचता उनसे भी नहर का किराया वसूला जाता। पानी नहीं आता तब भी किराया लिया जाता। इसे सुनिश्चित करने के लिए एक खास रजिस्ट्रार तक नियुक्त कर दिया गया था। यह सब 1913 तक चलता रहा। उस साल जब सर्वे हो रहा था तब अधिकारियों पर यह राज जाहिर हुआ और तब जाकर अवैध टैक्स की यह वसूली बन्द हुई।

इसके बावजूद साठी में नील की खेती का बन्द होना चम्पारण के इलाके के लिए एक ऐतिहासिक घटना थी। विद्रोह तो कई बार हुए थे, मगर पहली दफा किसी खास इलाके के किसानों ने नील की खेती का जुआ उतार फेंकने में सफलता हासिल की थी। वे प्लांटरों की साजिश और अंगरेजी शासन के जुल्म के खिलाफ साल भर डटकर खड़े रहे, अपना मनोबल झुकने नहीं दिया और मानसिक युद्ध में फैक्टरी मालिक को झुकने पर मजबूर कर दिया। इस जीत का सन्देश पूरे चम्पारण में फैल गया। इस घटना से प्रेरित होकर आसपास के गाँव के लोग भी नील की खेती बन्द करने लगे। साठी के किसान नेता शेख गुलाब के किस्से दूर-दूर तक फैलने लगे और उनके नाम के उदाहरण दिए जाने लगे। हालाँकि इस कोशिश में शेख गुलाब को जेल जाना पड़ा और कई तरह की मुसीबतें झेलनी पड़ीं। मगर लोगों की निगाह में उनकी छवि किसी नायक जैसी हो गई। लोग उन्हें नेता और सच्चा दोस्त मानने लगे।

पास में ही एक और फैक्टरी थी, परसा फैक्टरी। उस फैक्टरी के इलाके में भी किसानों का असन्तोष सामने आने लगा था। इसकी परिणति 1908 के विजयादशमी के मेले में हुई। बेतिया में विजयादशमी का बड़ा भव्य मेला लगता था, दूर-दूर से लोग इस मेले में आते थे। परसा कोठी के एक किसान शीतल राय ने शेख गुलाब की मदद ली और इस मौके का इस्तेमाल किसानों को यह समझाने में किया कि अगर सारे लोग एकजुट होकर नील की खेती करना बन्द कर दें तो साठी की तरह पूरे चम्पारण से नील की खेती बिल्कुल उठ जाएगी, इस बैठक का बड़ा जबरदस्त असर हुआ। शीतल राय ने इस अभियान के लिए पूरी ताकत झोंक दी। वे गाँव-गाँव जाकर रात के वक्त बैठकें किया करते थे। किसानों को नील नहीं बोने की शपथ दिलाई जाती थी।

विद्रोह की आग मलहिया, परसा, बैरिया और कुंडिया कोठी के इलाके तक फैल गई। किसानों ने अपना कोड वर्ड बना लिया था। एक खास तरह की आवाज निकालने पर किसान किसी खास जगह जमा हो जाते थे। इस दौर की घटनाओं का जिक्र बंगाल के डायरेक्टर ऑफ एग्रीक्लचर डब्ल्यू.आर. गोरले ने अपनी कॉन्फिडेंशियल रिपोर्ट में सिलसिलेवार तरीके से किया है। ये वही गोरले हैं, जिन्हें 1908 की घटनाओं के बाद विद्रोह के कारणों की गुप्त जाँच करने की जिम्मेदारी ब्रिटिश सरकार ने सौंपी थी। उनकी इस रिपोर्ट को गुप्त ही रखा गया, क्योंकि इसमें स्पष्ट उल्लेख था कि प्लांटरों की गलती की वजह से यह विद्रोह हुआ। इसके पीछे कोई राजनीतिक साजिश नहीं है, मौजूदा परिस्थितियों में एक भी किसान अपनी मरजी से नील की खेती करने के लिए तैयार नहीं है। बाद में बाबू ब्रजकिशोर प्रसाद ने बिहार विधान परिषद में इस रिपोर्ट को सार्वजनिक करने की माँग की, जो अस्वीकार कर दी गई। ये वही गोरले थे, जिनसे चम्पारण आने से पहले गांधी की मुलाकात और विस्तृत चर्चा की बात तिरहुत के कमिश्नर ने उठाई थी। गोरले साहब किसानों के प्रति सहानुभूति रखने वाले अधिकारी माने जाते थे।

अपनी कॉन्फिडेंशियल रिपोर्ट में गोरले साहब लिखते हैं, हिंसा की पहली वारदात 16 अक्तूबर, 1908 को घटी जब परसा कोठी के पास कोठी के एक चपरासी की लोगों ने पिटाई कर दी। यह मामला डिस्ट्रिक्ट सुपरिंटेंडेंट तक पहुँच गया और वे खुद इस मामले की जाँच करने पहुँच गए। डॉ. राजेन्द्र प्रसाद इस घटना का जिक्र अपनी पुस्तक में करते हुए लिखते हैं कि लोग बताते हैं, चपरासी के साथ-साथ फैक्टरी का मैनेजर भी लोगों के गुस्से का शिकार हो गया था, इसलिए प्रशासन चौकस हो गया। गोरले लिखते हैं, जाँच के दौरान एक मौके पर डिस्ट्रिक्ट सुपरिंटेंडेंट, सब डिवीजनल ऑफिसर और परसा फैक्टरी के मैनेजर को हजारों रैयतों की भीड़ ने घेर लिया। वे अपनी तमाम शिकायतें सुनाते रहे, मगर जब अधिकारियों ने अपनी बात रखने की कोशिश की तो उन्हें बोलने भी नहीं दिया गया। हालात लगातार बुरे होते जा रहे थे, आखिरकार 26 अक्तूबर को शीतल राय को गिरफ्तार कर लिया और पूरे इलाके में मिलिटरी पुलिस को तैनात कर दिया गया।

इसके बाद झड़प की घटनाएँ और तेज हो गईं। परसा, सुरकैया और मलैया के आसपास हिंसा की कई घटनाएँ हुईं। 5 नवम्बर को तो रैयतों की

भीड़ ने चार यूरोपीयों को घेर लिया था और परसा के मैनेजर के साथ मारपीट की कोशिश की। डॉ. राजेन्द्र प्रसाद लिखते हैं, मिलिटरी और गोरखा सिपाहियों ने उन दिनों किसानों का जिस तरह दमन किया यह बात उन्हें बरसों तक याद रही। खास तौर पर नाईट नाम के इंस्पेक्टर के जुल्मों को परसा के किसान भुलाए नहीं भूल पाते थे। कई अखबारों ने इस विवाद की खबरें प्रकाशित कीं।

कलकत्ता के अखबार 'स्टेट्समैन' ने 27 नवम्बर के अंक में विस्तृत खबर प्रकाशित की। जिसमें बताया गया कि अंगरेजों के खिलाफ लोगों का गुस्सा कैसे भड़का था। मिलिटरी ने उन्हें कैसे नियंत्रित किया और बाद में कैसे 300 से अधिक लोगों पर मुकदमा चला। शीतल राय, मारवाड़ी व्यापारी राधूमल और उनके गुमाश्ता रामस्वार्थ को मुख्य अभियुक्त बनाया गया। बेतिया के मजिस्ट्रेट अकेले इस मसले को सँभाल नहीं पा रहे थे। लिहाजा इस मामले की सुनवाई के लिए मि. गुडे को स्पेशल मजिस्ट्रेट नियुक्त किया गया।

इस दौरान किसानों पर चले मुकदमे, उनको दी गई सजा और सामूहिक जुर्माने की बात गोरले अपनी रिपोर्ट में विस्तार से बताते हैं। वे लिखते हैं :

> इस विद्रोह से सम्बन्धित 57 मामले बेतिया सब डिवीजन में दर्ज किए गए। इनमें से कुछ मामले सब डिवीजनल ऑफिसर की अदालत में चले और कुछ स्पेशल मजिस्ट्रेट मि. गुडे की अदालत में। 366 अभियुक्तों में से 266 किसानों को दोषी पाया गया। इनमें से 180 लोगों को दंगा या गैरकानूनी गतिविधि के लिए बैठक करने का दोषी करार दिया गया। 31 को आपराधिक गतिविधि के लिए, 51 को भयादोहन के लिए, 15 लोगों को दूसरों को अपराध करने के लिए उकसाने का और 10 को हत्या के प्रयास का दोषी पाया गया। इस वक्त 1 यूरोपीय इंस्पेक्टर, 4 सब इंस्पेक्टर, 24 हेड कांस्टेबल और 240 कांस्टेबल की तैनाती बेतिया में है और इनकी तैनाती के खर्च के रूप में 29,332 रुपए की वसूली किसानों से सामूहिक दंड के रूप में की जा रही है।

डॉ. राजेन्द्र प्रसाद लिखते हैं, सेठ राधूमल ने अपना गुनाह क़ुबूल कर लिया, उन पर तीन हजार रुपए का जुर्माना लगाया गया। शीतल राय को ढाई साल के सश्रम कारावास की सजा सुनाई गई और एक हज़ार रुपए जुर्माना किया गया। इस तरह ब्रिटिश सरकार ने भारी मिलिटरी बल की तैनाती करके,

किसानों को गिरफ्तार कर उन्हें सजा सुनाकर, सजा सुनाने के लिए स्पेशल मजिस्ट्रेट की तैनाती कर, किसान नेता शीतल राय को कड़ी सजा देकर और रैयतों पर सामूहिक जुर्माना लगाकर इस विद्रोह का दमन करने में सफलता हासिल की। किसानों के पक्ष में सिर्फ इतना किया गया कि नील की खेती का मेहनताना बढ़ा दिया गया। साथ ही तीन कट्ठे के बदले दो कट्ठा प्रति बीघा में नील की खेती करवाने की बात तय हुई। हालाँकि यह व्यवस्था कई इलाकों में ठीक से लागू ही नहीं हुई। यही वजह थी कि गांधी के चम्पारण पहुँचने तक किसान तिनकठिया प्रथा का ही जिक्र करते थे।

1908 का विद्रोह कई मायने में महत्त्वपूर्ण है। यह किसानों का अपना विद्रोह था। उन्होंने सारी रणनीति खुद बनाई और उन्हें अंजाम भी खुद दिया। इस आन्दोलन के नेता शेख गुलाब और शीतल राय साधारण किसान थे। वे बहुत पढ़े-लिखे नहीं थे। न ही समाज के कुलीन वर्ग से थे। शेख गुलाब ने साठी में जो काम किया वह स्वत: स्फूर्त था। बाढ़ के कारण धान की फसल चौपट हो गई थी, इस कारण किसानों की प्राथमिकता नकदी फसल के बदले खाद्यान्न उपजाने की थी। वे नील की खेती बन्द करना चाहते थे। वे विरोध पर अड़ गए। तब प्लांटर ने विद्रोह को हर तरीके से दबाने की कोशिश की। पहले शेख गुलाब समेत कई किसान नेताओं को स्पेशल कांस्टेबल बनाने का ऑफर दिया गया, ताकि वे प्लांटर की तरफ आ जाएँ। मगर उन्होंने यह ऑफर ठुकरा दिया। तब उन्हें मुकदमे में फँसाने की साजिश रची गई। शेख गुलाब और फौजदार दुबे को सजा भी हुई। मगर किसान दबे नहीं, अपनी बात पर डटे रहे। यह उनका दृढ़ निश्चय ही था कि थक-हारकर प्लांटर को नील की खेती बन्द करने का फैसला करना पड़ा।

इस तरह देखें तो साठी की जीत का चम्पारण आन्दोलन में प्रतीकात्मक महत्त्व है। यहाँ किसान 1867 से ही आन्दोलन कर रहे थे, उन्होंने प्लांटरों और स्थानीय प्रशासन की नाक में दम कर रखा था, कई दफा नील का मेहनताना बढ़ाना पड़ा। मगर नील की खेती जारी रही। साठी वह पहला आन्दोलन था, जिसमें किसानों ने चम्पारण में कहीं नील की खेती बन्द कराने में सफलता हासिल की। उन्हें जीत का स्वाद मिला। हालाँकि उससे पहले बंगाल और

तिरहुत के किसान अपने इलाके में नील की खेती बन्द करवा चुके थे और यह बात चम्पारण के किसानों को भी मालूम थी। मगर साठी की जीत को उन्होंने अपनी आँखों से देखा था। इसने परसा और आसपास की कोठियों के रैयतों को प्रेरित किया कि वे एकजुट होकर प्रयास करें ताकि यह खेती चम्पारण से ही खत्म हो जाए।

इसके लिए उन्होंने बेतिया के दशहरा मेला को चुना। यह भी उनकी सूझ-बूझ का नमूना है। मेले में नील की खेती बन्द कराने के मसले पर बैठक हुई। बैठक के हीरो थे, शेख गुलाब। आयोजन शीतल राय ने किया था। कई जगह इस बात का जिक्र भी है कि उस बैठक के आयोजन में राजकुमार शुक्ल की भी महत्त्वपूर्ण भूमिका थी। बैठक से पहले शेख गुलाब, शीतल राय और राजकुमार शुक्ल ने एकजुट होकर यह योजना बनाई थी कि ऐसी बैठक की जाए। तीनों ने मिलकर अलग-अलग इलाके के किसानों को इस बैठक में आने के लिए प्रेरित किया था। यह जिक्र 'नील के धब्बे' उपन्यास में है और राजकुमार शुक्ल की जीवनी में भी। मगर सरकारी दस्तावेजों से राजकुमार शुक्ल का नाम नदारद है। डॉ. राजेन्द्र प्रसाद की पुस्तक में भी इस आन्दोलन में राजकुमार शुक्ल के शामिल होने का जिक्र नहीं है और गोरले की रिपोर्ट में भी बार-बार सिर्फ शेख गुलाब और शीतल राय का ही जिक्र आता है। बहुत मुमकिन है कि वे नेपथ्य में रहकर काम करते रहे होंगे।

बहरहाल, जहाँ 1907 के साठी विद्रोह के नायक शेख गुलाब थे, 1908 के विद्रोह के नायक शीतल राय साबित हुए। दशहरा मेला की बैठक के बाद उन्होंने अपने इलाके में घूम-घूमकर रैयतों को नील की खेती छोड़ने के लिए प्रेरित किया, उन्हें शपथ दिलाई। यह संकेत विकसित किया कि जब अंगरेज सिपाही आएँ तो किस तरह एक-दूसरे को सूचित किया जाए। यह उनकी लगातार मेहनत का नतीजा था कि एक झटके में इलाके के सारे किसान नील की खेती छोड़ने के लिए तैयार हो गए। जगह-जगह प्लांटरों और उनके कर्मियों का घेराव होने लगा, कई जगह उनकी पिटाई भी हुई। अंगरेज उस आन्दोलन से इतने परेशान हुए कि मिलिटरी फोर्स की तैनाती कर दी गई। किसानों पर बड़ी संख्या में मुकदमे किए गए, उन मुकदमों की सुनवाई के लिए स्पेशल मजिस्ट्रेट की नियुक्ति की गई। सैकड़ों लोगों को सजा सुनाई गई। सबसे कड़ी सजा शीतल राय को सुनाई गई।

1908 के आन्दोलन के ये नायक 1917 में नजर नहीं आते, जब गांधी चम्पारण आते हैं तो उन्हें राजकुमार शुक्ल, पीर मोहम्मद मुनिस, लोमराज सिंह, हरबंस सहाय, सन्त भगत वगैरह मिलते हैं। मगर शीतल राय और शेख गुलाब का जिक्र कहीं नहीं है। यह जिक्र कहीं-कहीं जरूर मिलता है कि शेख गुलाब ने राजकुमार शुक्ल और पीर मोहम्मद मुनिस को लखनऊ के कांग्रेस अधिवेशन में जाने के लिए प्रेरित किया। मगर उसके बाद उनका जिक्र नहीं मिलता है। शीतल राय तो जेल की सजा काटने के बाद कहाँ गुम हो गए इसका पता भी नहीं चला। 1916 में उनके घर से 'प्रताप' का परचा जरूर मिला, मगर और कोई जानकारी नहीं मिली।

1908 के इस आन्दोलन का असर देखकर अंगरेज इतने हैरान थे कि उन्हें यह समझ नहीं आ रहा था कि इतनी नियोजित क्रान्ति स्थानीय किसानों ने की है। उनका अनुमान था कि बंगाल के क्रान्तिकारियों ने आकर यहाँ का माहौल खराब किया है। सरकारी दस्तावेजों में भी बार-बार यह कहा गया। मगर पहले 'स्टेट्समैन' अखबार की रिपोर्टों में इस बात का खंडन किया गया। बाद में गोरले की रिपोर्ट में भी साफ-साफ कहा गया कि इस आन्दोलन का कोई राजनीतिक उद्देश्य नहीं था, यह विशुद्ध खेतिहर आन्दोलन था।

अपनी रिपोर्ट के 'रिजल्ट ऑफ द इनक्वायरी' वाले हिस्से में गोरले ने पहला प्वाइंट ही इस मसले पर लिखा है। वे लिखते हैं :

> ''जहाँ तक मेरी इन्क्वायरी का सवाल है मैं इस नतीजे पर पहुँचा हूँ कि यह आन्दोलन पूरी तरह खेतिहर और आर्थिक आन्दोलन था। चम्पारण के बेतिया अनुमंडल के किसान खेती की असामीवार व्यवस्था से काफी परेशान थे। किसानों का गुस्सा किसी भी वक्त फूट सकता था, हैरत की बात यह है कि यह पहले नहीं फूटा। इस आन्दोलन का बंगाल के राजनीतिक आन्दोलन से कोई सम्बन्ध नहीं है।
>
> यहाँ सारी उथल-पुथल साठी फैक्टरी के विद्रोह से शुरू हुई और यह बहुत जल्द पूरे बेतिया अनुमंडल में फैल गई। जहाँ तक मैं समझ पाया हूँ, इस विद्रोह का तात्कालिक कारण परसा कोठी के प्लांटर द्वारा नील और गन्ना की खेती के नए एग्रीमेंट पर हस्ताक्षर करने के लिए रैयत को मजबूर करना था। शीतल राय और दूसरे किसान इस एग्रीमेंट के कागजात को लेकर पहले मोतिहारी और फिर मुजफ्फरपुर गए और वहाँ वकीलों से सलाह ली। मुझे

लगता है कि वकीलों ने उन्हें एग्रीमेंट पर हस्ताक्षर नहीं करने की सलाह दी होगी और कहा होगा कि अगर दबाव डाला जाए तो सभी किसानों को एकजुट होकर विरोध करना चाहिए।

इस सलाह के बाद शीतल राय ने साठी फैक्टरी के आन्दोलनकारी किसानों से सम्पर्क किया और उनकी मदद ली। शीतल राय और दूसरे लोगों ने आन्दोलन के लिए जो मौका चुना वह काफी अनुकूल था। पिछले कुछ सालों से खाद्यान्न की कीमतें काफी अधिक रह रही थीं। इस साल मक्के की फसल काफी अच्छी हुई थी। ऐसे में किसानों को नील के बदले खाद्यान्न फसलों की खेती के लिए प्रेरित करना काफी आसान काम था।

हालाँकि यह भी सच है कि स्थानीय साहूकारों ने इस आन्दोलन को काफी समर्थन दिया। इसकी वजह यह थी कि परसा कोठी के मालिक पिछले दो सालों से गन्ने की खेती के लिए रैयतों को खूब कर्ज दे रहे थे, इससे साहूकारों का धन्धा चौपट हो रहा था। मगर सेठ राधूमल को छोड़ दिया जाए तो ज्यादातर साहूकारों ने इस आन्दोलन में प्रत्यक्ष भागीदारी नहीं की। उन्होंने इस आन्दोलन को पीछे से समर्थन दिया।''

'कनक्लूजन' वाले कॉलम में वे लिखते हैं :

''लोगों के मन में यह बात रही होगी कि वे अगर एकजुट होकर विरोध करेंगे तो असामीवार व्यवस्था से आजाद हो सकते हैं। यह बात उनके मन में शीतल राय और उसके साथियों ने डाली। खाद्यान्न फसलों की कीमत में असामान्य वृद्धि ने भी उन्हें प्रेरित किया कि वे नील की खेती से आजादी पा लें, जिसका मेहनताना कई सालों से एक आना भी नहीं बढ़ा था, जबकि मक्के की कीमत दोगुनी हो गई थी।''

गोरले की रिपोर्ट से यह साफ था कि लगभग सारी गलतियाँ प्लांटरों की ही थी। लोग बेमन से और मजबूरी में नील की खेती कर रहे थे और इस बन्धन से आजाद होना चाहते थे। जाहिर सी बात है ब्रिटिश सरकार इस रिपोर्ट को सार्वजनिक नहीं कर सकती थी। क्योंकि इसके सार्वजनिक होने से सरकार की और यूरोपीयों की विश्वसनीयता खतरे में पड़ सकती थी। इसलिए ब्रजकिशोर प्रसाद द्वारा बिहार विधान परिषद में माँग किए जाने के बावजूद इसे गुप्त ही रखा गया। गुप्त रूप से इस रिपोर्ट का अध्ययन किया गया और इसके नतीजों के आधार पर बिहार प्लांटर्स एसोसिएशन की मदद

से कुछ बदलाव भी किए गए। पहला बदलाव यह हुआ कि नील की खेती का मेहनताना 12 रुपए से बढ़ाकर 13 रुपए आठ आना कर दिया गया। दूसरा, यह तय हुआ कि अब रैयतों से प्रति बीघा तीन कट्ठे के बदले दो कट्ठे पर नील की खेती कराई जाएगी। और तीसरा, सभी गिरफ्तार रैयतों को रिहा कर दिया गया।

दरअसल यह पूरी जाँच इसी मकसद से करायी गई थी कि रैयतों के गुस्से की वजह को समझकर उसका समाधान निकाला जाए, ताकि नील प्लांटरों का कारोबार चलता रहे। गोरले को भी निर्देश दिया गया था कि वह जाँच कार्य कुछ इस तरह करें कि किसी को जाहिर न हो कि सरकारी जाँच हो रही है। वे अपनी रिपोर्ट में लिखते हैं :

> ''18 नवम्बर, 1908 को मुझे इस जाँच का आदेश मिला। यह जाँच पूरी तरह अनौपचारिक होनी थी। इसमें किसी तथ्य की रिकार्डिंग नहीं करनी थी, बल्कि हर तरह के तरीके अपनाकर रैयत से आन्दोलन की वजह पता करना था। स्थानीय अधिकारियों ने उस वक्त कहा कि अभी माहौल जाँच के मुताबिक नहीं है। इसलिए मैंने 19 दिसम्बर, 1908 को जाँच शुरू की और 19 जनवरी, 1909 को जाँच पूरी कर ली। फिर मैंने फैक्टरी के मालिकों और मैनेजरों से बातचीत की और चम्पारण के कलेक्टर के जरिये इस रिपोर्ट को जमा कर दिया।
>
> लोगों को भनक न लगे और हंगामा न हो, इसके लिए मैंने पैदल ही पूरे इलाके की यात्रा की और मुख्य मार्ग को छोड़कर पगडंडियाँ पकड़ीं। मेरी मौजूदगी ने गाँवों में कोई उत्तेजना नहीं पैदा की। अमूमन लोगों ने मुझे नजरअन्दाज ही किया।''

गोरले साहब चम्पारण के लिए अजनबी नहीं थे। वे वहाँ अधिकारी के रूप में काम कर चुके थे और काफी लोकप्रिय रहे थे। लोग उन्हें अच्छा अधिकारी मानते थे। डॉ. राजेन्द्र प्रसाद अपनी किताब में लिखते हैं कि चम्पारण के लोग आज भी कहते हैं, अगर हर अधिकारी गोरले साहब जैसा हो तो सारी मुसीबतें ही खत्म हो जाएँ। इसलिए उनके द्वारा पूछताछ करने से लोगों को यह लगने लगा कि गोरले साहब जरूर अच्छी रिपोर्ट तैयार करेंगे। इसलिए 1909 से ही लगातार रैयत और उनके नेताओं के जरिये उनकी रिपोर्ट को सार्वजनिक करने की माँग होती रही। हालाँकि यह रिपोर्ट कभी सार्वजनिक

नहीं की गई। सरकारी फाइलों से यह रिपोर्ट सीधे बिहार सरकार के अभिलेखागार में पहुँच गई।

बहरहाल यह रिपोर्ट 1908 के चम्पारण नील विद्रोह का दस्तावेज है। एक अंगरेज अधिकारी ने इस रिपोर्ट में बड़ी बेबाकी से अपने समुदाय के प्लांटरों के अपराधों का खुलासा किया और देसी किसानों को हर इल्जाम से बरी किया।

नया राज्य, नए नायक और नए रास्तों की तलाश

1907 और 1909 के बीच चले इस आन्दोलन को जिस क्रूरता से अंगरेजी प्रशासन ने कुचल दिया उससे एकबारगी ऐसा ज़रूर लगा कि चम्पारण में शान्ति हो गई है। मगर वास्तविक स्थिति ऐसी नहीं थी। विद्रोह की आग सिर्फ दबी थी, बुझी नहीं थी, अन्दर-अन्दर वह अब भी सुलग रही थी। वह नए रास्तों की तलाश कर रही थी।

जल्द ही नील की खेती करने वाले रैयतों को अपनी शिकायत को आगे बढ़ाने का एक मौका मिला। 1911 के दिसम्बर महीने में इंग्लैंड के राजा जार्ज पंचम अपनी रानी क्वीन मेरी के साथ भारत आए। दिल्ली में उनका राज्याभिषेक हुआ। जनवरी, 1912 को वे दोनों शिकार खेलने नेपाल के लिए रवाना हुए। इनकी सवारी बेतिया से होकर गुजरने वाली थी। रैयतों को लगा कि यह एक अच्छा अवसर है। राजा को अपना दुःख-दर्द सुनाया जा सकता है, फरियाद की जा सकती है। बहुत मुमकिन है कि वे उनका दर्द सुनकर एक झटके में उनके पक्ष में फैसला सुना दें और नील की खेती हमेशा-हमेशा के लिए चम्पारण से खत्म हो जाए।

राजकुमार शुक्ल, शीतल राय और शेख गुलाब के प्रयासों से 15 हजार रैयतों की भीड़ नरकटियागंज रेलवे स्टेशन के पास जार्ज पंचम से मिलने और अपनी फरियाद सुनाने के लिए जमा हुई। इन्हें अन्दाजा नहीं था कि उनके और राजा के बीच अफसरों की भीड़ होगी और इन्हें भरसक राजा से दूर रखने का प्रयास किया जाएगा :

> जब जार्ज पंचम की ट्रेन नरकटियागंज स्टेशन पहुँची और भिखनाठोरी जाने के लिए ट्रेन को ब्रांच लाइन पर ले जाने की तैयारी की जाने लगी तब लोग

> चीख-चीखकर फरियाद करने लगे। राजा तक उनकी आवाज तो पहुँच गई, मगर वे यह नहीं समझ पाए कि लोग कह क्या रहे हैं। उन्होंने अपने पास खड़े अफसर से पूछा, तो अफसर ने कहा, किंग, ये लोग आपकी जय-जयकार कर रहे हैं। कह रहे हैं, राजा आपके राज में हमलोग बहुत खुश हैं।

यह अवसर चूक जाने के बाद भी किसान निराश नहीं हुए। जब राजा शिकार से लौटे तो कुछ लोग फरियाद लेकर कलकत्ता पहुँच गए और राजा से मुलाकात करने की कोशिश की, उन्हें मेमोरेंडम भेजा। मगर वह मेमोरेंडम यह कहकर वापस कर दिया गया कि इसे उचित माध्यम से भेजा जाए। इस घटना ने चम्पारण के किसानों के मन में ब्रिटिश साम्राज्य के प्रति रही-सही श्रद्धा भी खत्म कर दी। किसानों के नेता समझ गए कि नील प्लांटर भी अंगरेज हैं और सरकार भी अंगरेजों की है। इस सरकार से न्याय की उम्मीद बेकार है। कहीं गुहार लगाएँ, कहीं शिकायत कीजिए, कुछ फायदा नहीं होने वाला है। अब अपना हक लेने के लिए दूसरे रास्ते तलाशने होंगे।

इस बीच 1912 में कई महत्त्वपूर्ण घटनाएँ हुईं। इनमें सबसे महत्त्वपूर्ण थी, बिहार और ओड़िशा राज्य का अलग होना। इससे पहले बिहार बंगाल का हिस्सा हुआ करता था। इसे अपर बंगाल कहा जाता था। एक अप्रैल, 1912 को बिहार और ओड़िशा को बंगाल से अलग कर दिया गया। यह एक नई प्रशासनिक इकाई बनी। इसकी राजधानी पटना में स्थापित की गई और ग्रीष्मकालीन राजधानी पुरी तय की गई। पटना में राजधानी की स्थापना के बाद यहाँ कई तरह की गतिविधियाँ शुरू हो गईं। कलकत्ता में वकालत करने वाले कई बड़े वकील पटना में व्यवस्थित होने लगे। इस बीच सच्चिदानन्द सिन्हा ने यहाँ एक दैनिक अंगरेजी अखबार की शुरुआत की जिसका नाम 'बिहारी' था। इस अखबार का सम्पादक महेश्वर प्रसाद को बनाया गया, जो जनपक्षधर पत्रकारिता के समर्थक थे।

गोरख बाबू के नाम से मशहूर वकील को मोतिहारी में 'बिहारी' का प्रतिनिधि नियुक्त किया गया। उन दिनों राजकुमार शुक्ल रैयतों के मुकदमों की पैरवी के लिए मोतिहारी आया-जाया करते थे। वहाँ के वकीलों से उनकी अच्छी जान-पहचान थी। उन्होंने गोरख बाबू से कहा कि चम्पारण के किसानों की व्यथा की खबरें भी अपने अखबार में भेजें। गोरख बाबू ने राजकुमार शुक्ल से बातचीत पर आधारित खबरें भेजनी शुरू कीं। ये खबरें सम्पादक महेश्वर प्रसाद को पसन्द आईं। उन्होंने चम्पारण के किसानों की व्यथा को अखबार में

प्रमुखता से प्रकाशित किया और गोरख बाबू को इस मुद्दे पर लगातार लिखने के लिए कहा। महेश्वर प्रसाद खुद भी कई दफा चम्पारण गए और वहाँ का हाल प्रमुखता से प्रकाशित करना शुरू किया। चम्पारण के मुद्दों को सम्पादकीय में भी जगह दी :

> सितम्बर, 1912 से जुलाई, 1913 के बीच 'बिहारी' में चम्पारण के नील किसानों की व्यथा से सम्बन्धित 16 विस्फोटक रिपोर्टें प्रकाशित हुईं। इन खबरों से खलबली मच गई। नई सरकार थी, नया प्रशासनिक अमला था। अब तक चम्पारण की खबरें यदा-कदा ही अखबारों में आती थीं। लेकिन अब लगातार छप रही थीं। नील प्लांटर परेशान थे और स्थानीय अधिकारी चिन्तित थे। नील प्लांटर इन खबरों का खंडन बिहार प्लांटर्स एसोसिएशन की पत्रिका में प्रकाशित करते, मगर इससे कुछ खास फर्क नहीं पड़ता। क्योंकि एक तो उस पत्रिका का प्रसार सीमित था, आम लोगों तक उसकी पहुँच नहीं थी। दूसरी बात यह कि इस पत्रिका में छपी खबरों को प्लांटरों के पक्ष के रूप में देखा जाता था। उसे निष्पक्ष नहीं माना जा सकता था।

इसी बीच हुई एक घटना ने नील प्लांटरों का मनोबल बढ़ा दिया। नवम्बर, 1912 में प्लांटरों ने सोनपुर में एक सम्मेलन आयोजित किया। इस मौके पर पटना हाई कोर्ट का उद्घाटन करने पहुँचे लार्ड हार्डिंग भी आमंत्रित थे। हार्डिंग ने उस सम्मेलन में अपने सम्बोधन में कह दिया कि हाल के वर्षों में नील प्लांटरों और रैयतों के बीच सम्बन्ध बेहतर हुए हैं। प्लांटर सम्मेलन में उनका जाना और इस तरह का बयान देना एक तरह से प्लांटरों को क्लीन चिट देना था। अपने एसोसिएशन की पत्रिका में प्लांटरों ने न सिर्फ इस बयान को प्रमुखता से प्रकाशित किया बल्कि 'बिहारी' के सम्पादक महेश्वर प्रसाद की खूब लानत-मलानत की। प्लांटरों की पत्रिका ने लार्ड हार्डिंग का बयान उद्धृत करते हुए 'बिहारी' को चेतावनी दी कि वह भ्रामक खबरें छापना बन्द कर दे।

वैसे 'बिहारी' और इसके सम्पादक ने इस चेतावनी को गम्भीरता से नहीं लिया। खबरों का तीखापन और तेज हो गया। प्रबन्धन भी सम्पादक के साथ मजबूती से खड़ा था। इस बीच बार-बार माँग उठती रही कि सरकार चम्पारण के किसानों की शिकायतों पर जाँच आयोग का गठन करे। सरकार आनाकानी कर रही थी। ऐसे में महेश्वर प्रसाद ने इसे अपनी पत्रकारीय जिम्मेदारी समझते

हुए रैयतों के बीच जाकर खुद मामले की जाँच की और उसकी रिपोर्ट को अपने अखबार में प्रमुखता से प्रकाशित किया। आखिरी खबर की हेडिंग तो यह थी 'क्या प्लांटरों ने मि. बेली को अगवा कर लिया है ?' इस खबर ने पहले से भड़के प्रशासन को और उत्तेजित कर दिया। महेश्वर प्रसाद को सम्पादक पद से हटाने की मुहिम शुरू हो गई।

इस मामले में बिहार और ओड़िशा प्रान्त के पहले लेफ्टिनेंट गवर्नर सर चार्ल्स बेली प्लांटरों के मददगार साबित हुए। उन्होंने बनैली राज के मैनेजर शिवशंकर प्रसाद को बुलवाकर महेश्वर प्रसाद को सम्पादक पद से हटाने का आदेश जारी कर दिया। दरअसल बिहारी अखबार में बनैली राज के मालिक राजा कृत्यानन्द सिंह की दो लाख की पूँजी लगी हुई थी और वे इस कम्पनी के सबसे बड़े शेयर होल्डर थे। यह बात बेली साहब को मालूम थी और उन्हें यह भी मालूम था कि बनैली राज सबसे कमजोर कड़ी है। कोई भी जमींदार प्रान्त के लेफ्टिनेंट गवर्नर के कहे से बाहर नहीं जा सकता था, उनसे सीधी टक्कर नहीं ले सकता था। बेबस होकर महेश्वर प्रसाद को हटाना पड़ा। उनका मान रखने के लिए उन्हें बनैली रियासत में भी कोई सम्मानित पद दे दिया गया।

यह सम्भवत: भारतीय स्वतंत्रता संग्राम की अकेली ऐसी घटना होगी, जिसमें सरकार विरोधी खबर लिखने की वजह से सरकार ने अखबार के मालिकों को खुला आदेश दिया हो और मालिकों को सम्पादक को पद से हटाना पड़ा हो। बंगाल के हरीशचन्द्र मुखोपाध्याय और प्रताप के सम्पादक गणेशशंकर विद्यार्थी को भी ब्रिटिश सरकार ने कई तरह से प्रताड़ित किया मगर वे अखबार को सम्पादक बदलने या सरकार विरोधी खबर लिखना बन्द करने के लिए मजबूर नहीं कर पाए। अंगरेज सरकार के कोप की वजह से सम्पादक की कुरसी गँवाने वाले महेश्वर प्रसाद का नाम आज शायद ही किसी को याद हो। मगर उन्होंने महज 10 महीने की पत्रकारिता में वह मिसाल कायम की जिसका कोई सानी नहीं।

महेश्वर प्रसाद को हटाने के बाद 'बिहारी' की धार कुन्द होती चली गई। तब चम्पारण के किसानों का दु:ख-दर्द बयाँ करने का बीड़ा कानपुर से प्रकाशित होने वाले विप्लवी अखबार 'प्रताप' ने उठाया। पीर मोहम्मद मुनिस और हरबंस सहाय मोतिहारी से 'प्रताप' के लिए लिखते थे। वस्तुत: चम्पारण

के नील आन्दोलन को अपनी कलम की ताकत से पीर मोहम्मद मुनिस ने तीखी धार दी। ब्रिटिश सरकार की खुफिया रिपोर्टों में उनका जिक्र अक्सर आता और उन्हें बगावत फैलाने वाला कहा जाता। पीर मोहम्मद मुनिस का असली परिचय पाने के लिए ये दो उद्धरण काफी हैं :

पहली टिप्पणी ब्रिटिश सरकार के दस्तावेज का हिस्सा है। इसमें लिखा गया है :

> ''पीर मोहम्मद मुनिस अपने सन्देहास्पद साहित्य के जरिये चम्पारण जैसे बिहार के पीड़ित क्षेत्र से देश-दुनिया को अवगत कराने वाला और मि. गांधी को चम्पारण आने के लिए प्रेरित करने वाला पहला खतरनाक और बदमाश पत्रकार है।''

दूसरी टिप्पणी मुनिस ने खुद ही अपने बारे में की है :

> ''मैं राज में इतना बदनाम हूँ कि यदि कोई किसी के ऊपर यह दरख्वास्त दे दे कि अमुक आदमी मुनिस का दोस्त और मददगार है, तो वह बेचारा नौकरी से बरतरफ कर दिया जाए।''

मुनिस 1913 से ही, 'प्रताप' की स्थापना के वक्त से ही उसके लिए लिखने लगे थे। वे इस अखबार के विशेष संवाददाता थे। उन्होंने चम्पारण के मसले पर जो महत्त्वपूर्ण आलेख लिखे उनके शीर्षक हैं, चम्पारण में निलहों के अत्याचार (दो आलेख 1914), शर्त बन्धी गुलामी (1915), प्रार्थना पत्र (1916), चम्पारण में अंधेर (1916), बिहार सरकार के अनुचित कार्य (1916), चम्पारण की दुर्दशा (1917), चम्पारण में फिर अत्याचार (1917), चम्पारण में तिनकठिया प्रथा (1917), चम्पारण के निलहे गोरे (1917) और चम्पारण में नादिरशाही (1920)।

इसके अलावा वे महात्मा गांधी के चम्पारण प्रवास की भी नियमित रिपोर्टिंग करते रहे। आचार्य शिवपूजन सहाय समेत कई लोगों ने यह माना है कि गांधी जी को चम्पारण बुलाने के लिए राजकुमार शुक्ल ने जो मार्मिक पत्र भेजा था वह वस्तुतः मुनिस ने ही लिखा था और प्रार्थना के नाम से एक परचा जो 16 फरवरी, 1916 के 'प्रताप' में छपा था जिसे बाद में चम्पारण में जगह-जगह बाँटा गया था वह भी मुनिस का ही लिखा हुआ था। इस परचे को बाँटते हुए एक साधू को अंगरेज सिपाहियों ने पकड़ा था। बाद में 1908

के विद्रोह के मशहूर किसान नेता शीतल राय के घर से बड़ी संख्या में वह परचा बरामद हुआ था। अंगरेज सरकार ने उस परचे के लिए पीर मोहम्मद मुनिस और उनके साथी हरबंस सहाय को कसूरवार माना। मुनिस को इस जुर्म में सरकारी शिक्षक की नौकरी से हटा दिया गया। उन्हें कई मुकदमे झेलने पड़े।

चम्पारण के नील किसानों के आन्दोलन में इस परचे का किस्सा काफी सनसनीखेज माना जाता है। अंगरेज अधिकारी इस परचे को देखकर काफी परेशान हो गए तत्काल इस परचे का अनुवाद कराकर शीर्ष अधिकारियों को भेजा गया। आइए पहले यह पढ़ते हैं कि आखिर इस परचे में लिखा क्या था।

प्रार्थना

चम्पारण की प्रजा पर अत्याचार

मेरा विचार है कि श्रीयुत पं. तोताराम सनाढ्य रचित 'फिजी द्वीप में मेरे 21 वर्ष' नामक पुस्तक की भाँति 'चम्पारण के निलहे गोरों का अत्याचार' लिखकर चम्पारण के 19 लाख दु:खी प्रजाओं की दु:ख भरी कहानी प्रकाशित कराकर अधिकारी वर्गों, देश के नेताओं और जनता के सामने यह बात प्रकट की जावे कि चम्पारण जिले की अमुक प्रजाओं के ऊपर जो अपने ब्रिटिश छत्र के नीचे रहने का सौभाग्य समझती है, जिनको लार्ड हार्डिंग जैसे उदार और प्रजाप्रिय शासक द्वारा शासित होने का गौरव प्राप्त है और जिनको यह भी अभिमान है कि हमारे बिहार के सर अली इमाम, मि. हक, मि. दास और मि. सिंह जैसे प्रभावशाली नेता हैं, उन पर इतना अत्याचार होता है कि उन्हें यह कहने का पूर्ण अधिकार है कि "हमारे दु:ख के सामने नेटाल, फिजी आदि उपनिवेशों का दु:ख, जो भारतीय भाइयों को उठाना पड़ता है, कुछ भी नहीं है।"

देश के उन महानुभावों की सेवा में जो चम्पारण के निलहे गोरों के नील सम्बन्धी अत्याचारों से किसी न किसी भाँति जानकारी रखते हों, नम्र निवेदन है कि वे कृपा कर "नील सम्बन्धी अत्याचारों, तिनकठिया, अनेक प्रकार के करों, जबरदस्ती सट्टा का लिखवाया जाना, 1907 का चम्पारण नील विभ्राट, बंगाल व्यवस्थापक सभा में माननीय बाबू ब्रजकिशोर प्रसाद,

एमए, बीएल का प्रश्न और उसका उत्तर, मि. डब्ल्यू आर गोरले की रिपोर्ट, दैनिक 'बिहारी' ने 'प्लांटर्स और रैयत' शीर्षक से 5-6 अंकों में लिखा है, इस पर प्लांटर्स गजट की समालोचनाएँ, दैनिक 'स्टेट्समैन' में मि. ब्लैकशिप का लिखा हुआ चम्पारण पर आक्षेप आदि, बिहार की व्यवस्थापक सभा में म.बा. ब्रजकिशोर प्रसाद का प्रश्न और सरकार द्वारा उसका उत्तर, बिहार प्रान्तीय परिषद के पटना और छपरा वाले सभापतियों का व्याख्यान और मन्तव्य आदि, बड़े लाट, छोटे लाट, तिरहुत विभाग के कमिश्नर और मोतिहारी के कलेक्टर के पास दी हुई दरख्वास्त और मेमोरियल आदि की नकलें, कुछ फौजदारी और दीवानी मुकदमों के फैसले, मधुबनी की अपील पर जज की राय आदि जिन सज्जनों से हो सके, वे उन्हें भेजने की उदारता दिखलाएँ।''

भेजने वाले महाशयों से प्रार्थना है कि वे जहाँ तक उचित हो सच्ची और प्रमाणिक बातों को तथा अदालती कार्रवाई से साबित हुई घटनाओं और अत्याचारों को लिखकर किसी भाषा में हो, भेजें। चम्पारण के बहुत से लोगों ने अपने कोठी वाले मुकदमे की बजाप्ता नकलें ले-लेकर रक्खी हैं, वे यदि हो सके तो उन्हें भी भेजने की कृपा करें। उन नकलों से काम वाली बातें चुनकर फिर उन्हें लौटा दी जाएँगी।

चम्पारण के वकीलों और मुख्तारों से विशेष कर निवेदन है कि वे अपना कुछ अमूल्य समय खर्च कर मेरी प्रार्थना पर ध्यान दें तथा चम्पारण के कुछ शिक्षित और अर्द्ध शिक्षित समाजों से भी यही प्रार्थना है कि वे कोशिश करके अपने-अपने गाँवों के लोगों से उपर्युक्त कागज-पत्रों को भेजकर मेरी सहायता करें।

समाचार पत्रों के सम्पादकों से भी प्रार्थना है कि उन्हें इस विषय में जहाँ तक जानकारी हो अपने पत्रों द्वारा प्रकट करने की कृपा करें। नागपुर से निकलने वाला 'हिंद केसरी' और कलकत्ते से निकलने वाली मृत 'हितवार्ता' में भी चम्पारण की कुछ घटनाएँ प्रकाशित हुई थीं, यदि किसी सज्जन के पास उपर्युक्त पत्रों की वे संख्याएँ हों, तो भेजने का कष्ट उठाएँ।

निवेदक— एक दु:खी आत्मा मार्फत 'प्रताप' सम्पादक, कानपुर

इस परचे से यह जाहिर है कि मुनिस और 'प्रताप' अखबार उस वक्त चम्पारण के नील किसानों की परेशानियों का हल ढूँढ़ने के लिए किसी बड़े कदम उठाने

का इरादा बना चुके थे। बहुत मुमकिन है कि ये लोग बंगाल के पत्रकार हरीशचन्द्र मुखोपाध्याय के अनुभव से प्रभावित हों, जिन्होंने अपनी कलम की ताकत से बंगाल से नील की खेती खत्म करवा दी थी। इसके अलावा जैसा इस परचे में लिखा गया है, मुनिस तोताराम सनाढ्य द्वारा लिखित पुस्तक 'फिजी द्वीप में मेरे 21 वर्ष' से काफी प्रभावित थे। यह पुस्तक फिजी में प्रवासी भारतीयों पर होने वाले अत्याचार का दस्तावेज था। उन्होंने इस पुस्तक का अनुवाद उर्दू में किया था। अपने आलेख 'शर्त बन्धी गुलामी' में उन्होंने इस पुस्तक को आधार बनाकर अपनी बातें लिखी थीं। उन्होंने चम्पारण के किसानों की व्यथा को लेकर भी ऐसी ही एक पुस्तक लिखने की इच्छा अपने एक आलेख में प्रकट की थी। बाद के दिनों में शायद उन्होंने इसे लिखा भी और आचार्य शिवपूजन सहाय को इसे प्रकाशित करने के लिए दिया। मगर आचार्य के अनुसार, वह पाण्डुलिपि 1934 के भूकम्प में नष्ट हो गई।

गांधी 1917 में चम्पारण आए और 1 मई 1918 को चम्पारण में तिनकठिया प्रथा खत्म हो गई। मगर इसके बावजूद मुनिस और 'प्रताप' अखबार पर से ब्रिटिश हुकूमत का कोप खत्म नहीं हुआ। 9 अगस्त, 1917 को कानपुर के मजिस्ट्रेट ने 'प्रताप' के सम्पादक गणेश शंकर विद्यार्थी को समन भेजा और अखबार के 4, 11 और 18 जून, 1917 के अंक में छपे चम्पारण सम्बन्धी आलेखों को आपत्तिजनक करार दिया। उनसे इस सम्बन्ध में जवाब-तलब किया गया।

गणेशशंकर विद्यार्थी ने कहा कि इन आलेखों का सम्बन्ध ब्रिटिश साम्राज्य की 19 लाख प्रजा के हित से जुड़ा है इसलिए यह आपत्तिजनक कैसे हो सकता है? बहरहाल मैजिस्ट्रेट ने उनकी दलीलों पर ध्यान नहीं दिया और उन्हें चेतावनी देकर छोड़ दिया गया।

1918 में ब्रिटिश हुकूमत ने एक झूठे मुकदमे के आधार पर मुनिस को गिरफ्तार कर लिया। उन्हें 10 महीने की सजा सुनाई गई। हालाँकि इसके बाद भी वे चम्पारण के किसानों की व्यथा और जमींदारों के अत्याचार के प्रसंग पर लगातार लिखते रहे। यह तो खैर बाद का प्रसंग है, महत्त्वपूर्ण बात यह है कि चम्पारण के किसानों के दु:ख-दर्द के लिए जितना समर्पण राजकुमार शुक्ल, शीतल राय या शेख गुलाब का था, पीर मोहम्मद मुनिस का समर्पण भी उतना ही था और चम्पारण के किसानों के लिए उन्होंने अपना सर्वस्व

दांव पर लगा दिया था। गांधी के वे भी उतने ही बड़े प्रशंसक थे, जितना उनके सम्पादक गणेशशंकर विद्यार्थी थे, या बाद के दिनों में राजकुमार शुक्ल हो गए थे।

नील किसानों के मामले में मुनिस के इन्फार्मर राजकुमार शुक्ल थे। हालाँकि शुक्लजी का यह इकलौता काम नहीं था, वे पत्रकारों के साथ-साथ वकीलों से भी मिलते और किसानों के मुकदमों की पैरवी करने में उनकी मदद करते। वे किसानों की शिकायतें लिखकर भी शीर्ष अधिकारियों के पास भेजते। उस जमाने में बड़ी संख्या में रैयतों की शिकायतें सरकार के पास पहुँची थीं। जब हम चम्पारण के विद्रोह की बात करते हैं, 1911 से 1916 के बीच चम्पारण में हुए उथल-पुथल की बात करते हैं, गांधी को चम्पारण लाने और उनके द्वारा जाँच किए जाने की बात करते हैं और इस आन्दोलन के आखिर में गठित जाँच कमिटी के सामने एक किसान के रूप में बयान देने की बात करते हैं तो हमारे सामने एक ही व्यक्ति का चेहरा उभर कर आता है। वह चेहरा है राजकुमार शुक्ल का। 1908 के विद्रोह में नायक के रूप में उभरे राजकुमार शुक्ल उसके बाद के सालों में इस आन्दोलन के पीर, बाबर्ची और भिश्ती सब कुछ हो गए।

उन्होंने 1908 के आन्दोलन की सफलता और विफलता दोनों का अध्ययन किया और उसी के हिसाब से आगे की रणनीति तैयार की। यह उन्हीं का दिमाग था कि इस मसले को अखबारों में और अदालतों में ले जाया जाए। वे सरकार को भी लिखित शिकायतें भेजते रहे। यह बड़ा दिलचस्प प्रसंग है कि 1867 से 1908 तक हर नियमित अन्तराल पर चम्पारण में किसानों का गुस्सा फूट पड़ता था और यह हिंसक आन्दोलन का रूप ले लेता था। मगर 1909 से 1917 के बीच हिंसक वारदातें बहुत कम हुईं। हालाँकि यह वह दौर था जब नील प्लांटर किसानों की खून की अन्तिम बूँद तक निचोड़ लेने पर आमादा थे। नील की खेती लगातार घट रही थी और प्लांटर अपनी आमदनी बरकरार रखने के लिए नए रास्ते तलाश कर रहे थे। उन दिनों शरहबेशी के एग्रीमेंट में तेजी आ गई थी और रैयतों को हर मुमकिन तरीके से मजबूर किया जा रहा था कि वे एग्रीमेंट कर लें। ऐसे में रैयत आसानी से भड़क सकते थे, मगर वे शान्त थे

तो इस वजह से कि राजकुमार शुक्ल के नेतृत्व में उनके आन्दोलन का तरीका बदल चुका था।

राजकुमार शुक्ल चम्पारण के सतवरिया गाँव के रहने वाले थे। उनकी कुछ जमीन मुरली भहरवा गाँव में भी पड़ती थी। पहले वे बेतिया राज में मुहर्रिर का काम करते थे, फिर वे महारानी जानकी कुँवर के गार्डेन महल में काम करने लगे। उसी बीच उनकी पत्नी का निधन हो गया और वे सब कुछ छोड़छाड़ कर अपने गाँव आ गए और वहीं खेती करने लगे। पत्नी के असमय निधन ने उन्हें सामाजिक बना दिया। लोग उन्हें आपसी झगड़ा निबटाने के लिए भी बुलाने लगे। धीरे-धीरे वे पंचायती भी करने लगे। बेलवा के नील प्लांटर एसी एम्मन को जब इस बात का पता चला तो वह भड़क उठा। दरअसल वह काफी गुस्सैल स्वभाव का अंगरेज था और हिन्दुस्तानियों को अपने पाँव की जूती समझता था। उसे यह बात सख्त नागवार गुजरी कि उसके इलाके में कोई हिन्दुस्तानी पंचायती कर रहा है। इस काम को वह अपना विशेषाधिकार समझता था। गुस्से में आकर एम्मन ने शुक्ल को बुलावा भेजा, मगर शुक्ल भी अड़ियल मिजाज के थे, उन्होंने इस बुलावे को अनसुना कर दिया। इस पर बेलवा कोठी ने उन पर एक रुपए का जुर्माना लगा दिया।

मगर इतने से बात खत्म नहीं हुई। एम्मन राजकुमार शुक्ल को नीचा दिखाने का बहाना तलाशने में जुट गया। मुरली भहरवा गाँव में शुक्ल जी ने आलू की खेती की थी। जब आलू की फसल तैयार हो गई तो कोठी के कारिन्दे लगान के रूप में उनसे आधी फसल कोठी को देने की माँग करने लगे। शुक्ल ने यह कहते हुए कारिन्दों की माँग ठुकरा दी कि घर और कोले की फसल लगानमुक्त होती है। फिर तो एम्मन कारिन्दों के साथ शुक्ल के पास पहुँच गया। उन्हें डराया-धमकाया, खेत और घर को उजाड़ दिया, घर का सारा सामान नष्ट कर दिया। इस घटना के बाद शुक्ल ने प्रण कर लिया कि अब वे चम्पारण से नील की खेती खत्म करवाकर ही दम लेंगे, चाहे पूरी जिन्दगी क्यों न खपानी पड़े। इसके बाद वे इलाके के किसानों को एकजुट करने और नील की खेती बन्द करवाने में जुट गए। एम्मन को जब इस बात की खबर मिली तो उसने शुक्ल पर खेत से मछलियाँ पकड़ने का आरोप लगा दिया। उस वक्त इस काम को अपराध माना जाता था। इस आरोप की वजह से राजकुमार शुक्ल को तीन हफ्ते की जेल की सजा हुई। इस घटना ने शुक्ल

के प्रण को और मजबूत बनाया। उन्होंने अपना सब कुछ इस आन्दोलन में झोंक दिया :

> उनकी डायरी से पता चलता है कि वे हफ्ते में पाँच रोज घर से बाहर ही रहते थे। कभी नरकटियागंज तो कभी बेतिया, कभी मोतिहारी तो कभी मुजफ्फरपुर। बीच-बीच में पटना, कानपुर और कलकत्ता की दौड़ भी लगा आते थे। हर जगह उनके सम्पर्क थे। वकीलों और पत्रकारों से उनकी खूब जमती थी। कलकत्ता जाते तो अमृत बाजार पत्रिका का दफ्तर उनका ठिकाना बनता। स्वपाकी थे तो दफ्तर के बेसमेंट में खुद पूरियाँ छानते। कानपुर में 'प्रताप' का दफ्तर तो घर जैसा ही था।

ऐसी ही एक यात्रा में गणेशशंकर विद्यार्थी ने उन्हें मोहनदास करमचन्द गांधी के बारे में बताया था। उन्हें बताया था कि दक्षिण अफ्रीका में अश्वेतों को बराबरी का अधिकार दिलाने के लिए संघर्ष करने वाला यह गुजराती वकील भारत आ गया है। इस व्यक्ति के आन्दोलन का तरीका बहुत कारगर है। एक रोज यह देश का बड़ा नेता बनेगा। आप अगर इसे चम्पारण बुला लेते हैं तो किसानों की समस्या का समाधान आसानी से निकल सकता है। साल 1915 में हुई यह बातचीत राजकुमार शुक्ल के मन में जम गई और उन्होंने तय कर लिया कि अब अगर गांधी को बुलाने से ही चम्पारण के रैयतों को न्याय मिलेगा तो यही सही। चाहे जो मुसीबत हो गांधी को चम्पारण लाकर रहेंगे।

चम्पारण में गांधी

गांधी से पहले उनका नाम पहुँचा

20 फरवरी, 1916 की घटना है। मोतिहारी के पोस्ट ऑफिस में पहुँचे एक रहस्यमय व्यक्ति ने वहाँ के कर्मचारियों से एक टेलीग्राम भेजने के लिए कहा। इसके लिए उसने पैसे भी दिए। मगर पोस्ट ऑफिस के कर्मचारियों ने उस टेलीग्राम को भेजने से इनकार कर दिया :

> वह टेलीग्राम मुम्बई भेजा जा रहा था और जिन्हें भेजा जा रहा था, उनका नाम था मोहनदास करमचन्द गांधी। टेलीग्राम में लिखा था, ''चम्पारण के किसानों की स्थिति बहुत चिन्ताजनक है, आप जल्द से जल्द यहाँ आएँ और इनकी मदद करें।'' कर्मचारियों ने उस टेलीग्राम को सन्देहास्पद मानकर रोक लिया।

वह व्यक्ति उस घटना से निराश नहीं हुआ, उसने मुजफ्फरपुर जाकर फिर से गांधी को टेलीग्राम करने की कोशिश की। वह टेलीग्राम गांधी तक पहुँचा या नहीं, यह तो पता नहीं, मगर उस व्यक्ति की इस हरकत से सरकारी तंत्र काफी चौकस हो गया।

बिहार स्पेशल ब्रांच के दो सीआईडी अफसरों ने 12 मार्च, 1916 को सरकार को जो रिपोर्ट भेजी, उसमें इस वाकये का प्रमुखता से जिक्र था। रिपोर्ट

में उस व्यक्ति का नाम जमनानन्द बताते हुए उसके बारे में कई दिलचस्प जानकारियाँ दी गईं थीं। पहले उसे बनारस का निवासी बताया गया, फिर मुजफ्फरपुर के कुढ़नी स्टेशन के पास स्थित देवगन गाँव का स्थायी वासी। यह भी बताया गया कि वह पूरे देश में घूमता है और ज्यादातर वक्त पंजाब में गुजारता है। वह आर्य समाजी है और सर्वेंट ऑफ इंडिया सोसायटी का सदस्य भी। वह पिछले चार–पाँच साल से दरभंगा के एक अनाथालय में रह रहा है। उसे सीआईडी अफसरों ने चम्पारण में उन दिनों हो रही गड़बड़ियों का प्रमुख जिम्मेदार बताया।

बिहार के खुफिया विभाग के पुलिस वालों की जमनानन्द नामक इस व्यक्ति पर निगाह काफी पहले से थी। लोमराज सिंह नामक एक किसान के मुकदमे के सिलसिले में उसे अदालत में अक्सर देखा जाता था। उस वक्त कुछ वकील जो इस कानूनी लड़ाई में किसानों की तरफ से पैरवी कर रहे थे, उनमें बाबू ब्रजकिशोर प्रसाद भी थे। पुलिस वालों का मानना था कि इन वकीलों को इस लड़ाई के लिए जमनानन्द ने ही तैयार किया था।

इस घटना के बाद गांधी जी को लेकर बिहार की खुफिया पुलिस सतर्क हो गई और पहली बार सरकारी हलके में यह माना गया कि मोहनदास करमचन्द गांधी चम्पारण के किसानों की मदद के लिए यहाँ आ सकते हैं। इस रिपोर्ट के मद्देनजर 11 अप्रैल, 1916 को डीआईजी, क्राइम एंड रेलवे, ईसी रेलंड ने बिहार और ओड़िशा प्रान्त के चीफ सेक्रेटरी एच मैक्फर्सन को पत्र लिखकर पूछा, ''गांधी के भाषण कई बार विवादित हो जाया करते हैं। पंजाब राज्य की सरकार ने इसी वजह से निर्देश जारी किया है कि गांधी जब भी उनके इलाके में कहीं भाषण दें तो पहले सरकार से इजाजत ले लें। क्या बिहार में भी हमें इसी नियम से नहीं चलना चाहिए?'' इस पत्र का क्या जवाब दिया गया, यह जानकारी हमारे पास उपलब्ध नहीं है। फिर भी इससे इतना तो स्पष्ट है कि गांधी को लेकर प्रशासन के कान खड़े हो गए थे :

> वास्तव में जमनानन्द के टेलीग्राम की वजह से 1916 की शुरुआत में ही बिहार की सरकार इस बात को लेकर चौकस हो गई थी कि गांधी कभी भी चम्पारण आ सकते हैं और उनके यहाँ आने से स्थिति और अनियंत्रित हो सकती है। जबकि गांधी को इस पूरे मामले का इल्म तब हुआ जब कुछ माह बाद 26 दिसम्बर, 2016 की शाम लखनऊ में कांग्रेस अधिवेशन के दौरान

> उनके तम्बू में राजकुमार शुक्ल, बाबू ब्रजकिशोर प्रसाद के साथ घुसे और उन्होंने कहा कि वकील साहिब बतैइहें।
>
> पुलिस और स्थानीय प्रशासन को गांधी को चम्पारण बुलाए जाने की सम्भावना का पता भले ही 1916 की शुरुआत में चला हो, गांधी का नाम चम्पारण की फिजाओं में एक साल पहले से गूँज रहा था। लगभग उसी वक्त से जब गांधी दक्षिण अफ्रीका से भारत आए थे। और इसके पीछे कोई और नहीं बल्कि राजकुमार शुक्ल ही थे।

शुक्ल जी को गांधी के बारे में कानपुर के युवा सम्पादक गणेशशंकर विद्यार्थी ने बताया था, जिनके अखबार 'प्रताप' में चम्पारण के किसानों के दुःख-दर्द के किस्से अक्सर छपा करते थे। साल 1915 में एक दफा मुनिस के साथ शुक्ल जी भी कानपुर 'प्रताप' के दफ्तर चले गए थे। वहाँ उन्हें विद्यार्थी ने कहा था कि अगर सचमुच चम्पारण के किसानों को न्याय दिलाना है, वहाँ नील की खेती बन्द करानी है, तो गांधी ही मददगार हो सकते हैं। क्योंकि उनको अंगरेजों से लड़ना आता है। दक्षिण अफ्रीका में उन्होंने ऐसा करके दिखाया है। विद्यार्थी पहले बाल गंगाधर तिलक को अपना आदर्श मानते थे। मगर जब उन्होंने गांधी के दक्षिण अफ्रीका के अभियान के बारे में सुना और जब गांधी वापस स्वदेश आ गए, तब से उनके मन में गांधी ने जगह बना ली और फिर ताउम्र वे गांधी को आदर्श मानते रहे।

विद्यार्थी ने गांधी की चर्चा कुछ इस अन्दाज में की कि शुक्ल के मन में वे घर कर गए। उन्होंने तय कर लिया कि अब चाहे जैसे हो गांधी को चम्पारण लाना ही है। दिलचस्प बात यह है कि उस वक्त कांग्रेस में भी ज्यादातर लोग गांधी की क्षमताओं को लेकर बहुत आश्वस्त नहीं थे। खुद गांधी अपने राजनीतिक गुरु गोपालकृष्ण गोखले का आदेश मानते हुए पूरे भारत की यात्रा कर रहे थे, ताकि इस देश को समझ सकें। फिर भी शुक्लजी और चम्पारण के उनके साथियों को गांधी पर पूरा भरोसा हो गया। कानपुर से लौटकर जब शुक्ल अपने इलाके में पहुँचे तो अपने साथियों के सामने यह बात रखी और कहा कि अब किसी भी सूरत में गांधी को चम्पारण लाना है :

> गांधी को चम्पारण लाना शुक्ल के लिए इतना आसान नहीं था। पिछले 8-9 साल से लगातार एसी एम्मन और दूसरे नील प्लांटरों से लड़ते-लड़ते शुक्ल की आर्थिक हालत खस्ता हो चली थी। 1914 में उनके पास 60 भैंसें और

> 300 गाएँ हुआ करती थीं, जो अगले एक-डेढ़ साल में घटकर महज 8 गाएँ और छह बैल रह गए थे। इन परिस्थितियों में उनके लिए गांधी को चम्पारण लाने का अभियान अकेले चला पाना मुमकिन नहीं था। बताया जाता है कि ऐसे में अमोलवा गाँव के एक समृद्ध किसान सन्त भगत उर्फ सन्त राउत ने अपनी तीन बीघा जमीन राजकुमार शुक्ल के नाम कर दी, जो उनके मित्र और मार्गदर्शक हुआ करते थे। सन्त भगत भी शुक्ल के साथ लखनऊ के कांग्रेस अधिवेशन में पहुँचे थे।

सन्त भगत ने राजकुमार शुक्ल को जो तीन बीघा जमीन दान में दी इसका उल्लेख किसी दस्तावेज में नहीं है। हालाँकि भितिहरवा और श्रीरामपुर गाँव के आसपास के इलाके में जगह-जगह लोग इस बात का जिक्र करते हैं। भितिहरवा आश्रम के पहले छात्र मुकुटधारी महतो के घर में कुछ पुराने कागजात उपलब्ध हैं, जिनमें गांधी को चम्पारण लाने की कथा लिखी गई है। उस कथा में इस प्रसंग का खास तौर पर जिक्र है। सन्त भगत के पोते भी इस बात की तस्दीक करते हैं कि उनके दादा अधिक पढ़े-लिखे नहीं थे, राजकुमार शुक्ल केस-मुकदमों में उनकी मदद करते थे। तभी से दोनों के बीच सहज मित्रता का रिश्ता कायम हो गया था।

सन्त भगत का सहारा शुक्ल जी के लिए बहुत मददगार साबित हुआ। उन्होंने गांधी को चम्पारण लाने के अपने अभियान की शुरुआत 1915 में ही कर दी। सबसे पहले वे अहमदाबाद के साबरमती आश्रम पहुँचे। मगर वहाँ पहुँचने पर पता चला कि गांधी वहाँ से पूना चले गए हैं। निराश होकर उन्हें लौटना पड़ा, क्योंकि शुक्ल जी को यह नहीं मालूम था कि गांधी पूना में कहाँ ठहरे होंगे। लौटकर आए तो किसी समझदार व्यक्ति ने उन्हें समझाया कि तुम्हारी बात गांधी समझ नहीं सकेंगे। तुम्हें किसी अंगरेजी जानने वाले राजनीतिक व्यक्ति को अपने साथ ले जाना चाहिए।

इसे पंडित राजकुमार शुक्ल की दूरदृष्टि कह सकते हैं कि उन्होंने 1915-16 में ही समझ लिया था कि गांधी को चम्पारण बुलाने के लिए उन्हें बाबू ब्रजकिशोर प्रसाद जैसे पढ़े-लिखे, अंगरेजी बोलने वाले और सज्जन वकील की मदद की जरूरत पड़ेगी। गांधी जी ने अपनी आत्मकथा में ब्रजकिशोर बाबू को 'बिहार के सेवा जीवन के प्राण' कहकर सम्बोधित किया है। गांधी जब तक चम्पारण में रहे ब्रजकिशोर बाबू साये की तरह उनके साथ रहे। गांधी के

आने के काफी पहले से वह लगातार अदालतों में और सरकारी संगठनों में नील किसानों के मसले को उठाते रहे थे। वे एक ऐसे व्यक्ति थे जिनकी पहुँच आम किसानों से लेकर बिहार के लेफ्टिनेंट गवर्नर तक थी और वे सच कहने में कभी हिचकते नहीं थे।

उनका एक और परिचय यह है कि वे बिहार की सर्वाधिक सक्रिय समाजसेविका प्रभावती देवी के पिता थे, जिनका विवाह जयप्रकाश नारायण से हुआ। उनकी दूसरी पुत्री विद्यावती देवी का विवाह राजेन्द्र बाबू के पुत्र से हुआ। हालाँकि राजेन्द्र बाबू उनसे सात साल छोटे थे। मगर दोनों हमपेशा थे और चम्पारण सत्याग्रह में इन दोनों ख्यातिप्राप्त वकीलों ने गांधी जी के लिए मुंशी का काम किया। गांधी रैयतों से जो पूछताछ करते, उसे ये दोनों अपनी-अपनी बहियों में दर्ज किया करते। इस तरह दोनों की युगल जोड़ी बन गई, जो बाद में रिश्तेदारी में बदल गई।

ब्रजकिशोर प्रसाद का जन्म सीवान के श्रीनगर गाँव में हुआ था। छपरा और पटना में शुरुआती पढ़ाई करने के बाद वे कलकत्ता चले गए। वहाँ प्रेसिडेंसी कॉलेज में कानून की पढ़ाई की। उन्होंने वकालत के पेशे को कभी खालिस अर्थोपार्जन का जरिया नहीं बनाया। दरभंगा में वकालत की शुरुआत की और हमेशा कोशिश करते रहे कि रोजी-रोटी भी चलती रहे और इलाके के गरीब लोगों को न्याय भी मिलता रहे। दरभंगा में वकालत करते हुए उन्हें समझ में आ गया कि इस दौर में न्याय की सबसे अधिक जरूरत चम्पारण के किसानों को है। लिहाजा उनका ज्यादातर समय मोतिहारी की कचहरियों में गुजरने लगा। वहाँ राजकुमार शुक्ल अक्सर सताये हुए गरीब किसानों के मुकदमे लेकर उनके पास पहुँचते और वे थोड़ी-बहुत फीस लेकर उन किसानों के हक का मामला अदालतों में उठाते।

धीरे-धीरे उन्हें नील किसानों के दु:खों की विस्तृत जानकारियाँ हासिल हो गईं। वे बिहार और उड़ीसा (ओड़िशा) के लेफ्टिनेंट गवर्नर की काउंसिल के भी सदस्य थे। उस काउंसिल में भी वे बार-बार नील किसानों की समस्याएँ उठाते थे। हालाँकि उनके प्रस्तावों को बार-बार खारिज कर दिया जाता, ब्रिटिश सरकार उनसे रुष्ट रहा करती थी। मगर वे अपनी कोशिशों से पीछे नहीं हटते। बिहार विधान मंडल के सदस्य के रूप में भी उन्होंने वहाँ बार-बार नील किसानों की समस्या की जाँच कराने और 1908 के आन्दोलन की जाँच रिपोर्ट जो गोरले

ने तैयार की थी, को सार्वजनिक करने की माँग की। मगर वहाँ वे अल्पमत में थे, लिहाजा प्रस्ताव खारिज हो जाता था। इसके अलावा वे बिहार की कांग्रेस कमेटी में भी महत्त्वपूर्ण पद पर थे। वहाँ भी उन्होंने कई बार नील किसानों के मसले उठाए। चम्पारण की आवाज को पटना के प्रभु वर्ग तक पहुँचाने में उनकी बड़ी भूमिका थी। उन्होंने इस मसले पर 'अमृत बाजार पत्रिका', 'भारतमित्र', 'प्रताप' और 'अभ्युदय' जैसे अखबारों में भी खूब लिखा।

10 अप्रैल, 1914 की बिहार प्रान्तीय सम्मेलन की बैठक को सम्बोधित करते हुए उन्होंने चम्पारण के नील किसानों की व्यथा को सार्वजनिक मंच देने की शुरुआत की। अगले साल के प्रान्तीय सम्मेलन में उनके साथ राजकुमार शुक्ल भी मौजूद थे। वे खुद उन्हें चम्पारण के किसानों के प्रतिनिधि के तौर पर ले गए थे। उस साल छपरा में बिहार प्रान्तीय सम्मेलन आयोजित हुआ था। वहाँ अपने साथियों के साथ पहुँचे शुक्ल ने चम्पारण के किसानों की व्यथा को पेश करते हुए बड़ा मार्मिक भाषण दिया था। ब्रजकिशोर प्रसाद की मदद से चम्पारण के किसानों की व्यथा वाला प्रस्ताव पारित हो गया और यह तय किया गया कि इस प्रस्ताव को लखनऊ के राष्ट्रीय अधिवेशन में पेश किया जाएगा।

साल 1916 के दिसम्बर में बाबू ब्रजकिशोर प्रसाद, राजकुमार शुक्ल और उनके साथी इसी प्रस्ताव को लेकर कांग्रेस के राष्ट्रीय अधिवेशन में लखनऊ पहुँचे।

वह 1916 के दिसम्बर महीने का आखिरी हफ्ता था, जब लखनऊ के मोतीपुर स्थित वाजिद अली शाह के बगीचे में कांग्रेस का 31वाँ राष्ट्रीय अधिवेशन शुरू हुआ था। इस अधिवेशन में पूरे देश से 2300 राजनीतिक कार्यकर्ता इकट्ठा हुए थे। चूँकि आयोजन संयुक्त प्रान्त (उत्तर प्रदेश) में हो रहा था सो वहाँ के लोग तो थे ही सिन्ध और दक्षिण भारत के लोग भी बड़ी संख्या में थे। गुजरात, मद्रास और मध्य प्रदेश के कार्यकर्ताओं की भी बड़ी संख्या मौजूद थी। एनी बेसेंट दल-बल के साथ आई थीं। बंगाल से भी बड़ी संख्या में प्रतिनिधि पहुँचे थे। दिलचस्प बात थी कि इस साल नए नवेले बिहार राज्य के प्रतिनिधि भी ठीक-ठाक संख्या में पहुँचे थे। बिहार से पहुँचे तकरीबन 80 प्रतिनिधि अपने साथ दो प्रस्ताव लेकर आए थे, पहला पटना यूनिवर्सिटी बिल से सम्बन्धित प्रस्ताव,

दूसरा चम्पारण के नील प्लांटरों और रैयत के बीच जारी विवाद की जाँच से सम्बन्धित प्रस्ताव। चम्पारण वाले प्रस्ताव को लेकर ब्रजकिशोर बाबू के साथ आने वालों में राजकुमार शुक्ल, पीर मोहम्मद मुनिस और सन्त भगत शामिल थे।

हालाँकि शुक्ल और उनके साथी महज प्रस्ताव पास कराने के इरादे से लखनऊ नहीं आए थे। उनका इरादा किसी बड़े नेता को अपने साथ चम्पारण लेकर जाना भी था। उनकी निगाह में तो गांधी ही बसे थे, मगर वे चाह रहे थे कि अगर बाल गंगाधर तिलक या मदन मोहन मालवीय में से कोई नेता भी चले तो और खुशी की बात होगी। यही सोचकर अधिवेशन के पहले दिन 26 दिसम्बर की रात वे सबसे पहले तिलक से मिलने उनके तम्बू में पहुँचे। उन्होंने टूटी-फूटी जबान में तिलक को चम्पारण के किसानों के दु:ख-दर्द की कथा सुनाई और उनसे आन्दोलन का नेतृत्व करने का अनुरोध किया। मगर तिलक उस वक्त किसी और मन:स्थिति में थे।

उन्होंने शुक्ल की बात को पूरी गम्भीरता से सुना और वहाँ के किसानों के मसले पर सहानुभूति भी जताई। मगर यह स्पष्ट कर दिया कि न तो वे चम्पारण जा सकते हैं, न ही कांग्रेस इस आन्दोलन को अपने हाथ में ले सकती है। उन्होंने कहा—शुक्ल जी, अभी देश की राजनीतिक स्वतंत्रता का बड़ा सवाल हमारे सामने है। पहले उसे हल करना जरूरी है। कई सालों से जिस स्वराज की रट मैं लगाए बैठा हूँ, आज जाकर सभी लोग उस पर सहमत होते नजर आ रहे हैं। यही वजह है कि अभी से, इस अधिवेशन के बाद से, मेरा और कांग्रेस का पूरा वक्त स्वराज और राजनीतिक स्वतंत्रता हासिल करने में लगेगा। मुझे क्षमा करेंगे, चम्पारण के किसानों के आन्दोलन में हमलोग अभी सहभागी बनने की स्थिति में नहीं हैं।

तिलक से नकारात्मक जवाब पाने के बाद वे मालवीय के तम्बू में गए, उन्होंने भी इसी तरह की वजहें बताईं और चम्पारण जाने में असमर्थता जाहिर की। दोनों जगह इनकार सुनने के बाद शुक्ल निराश होने लगे। उन्हें लगा कि अगर गांधी ने भी इनकार कर दिया तो उनकी सारी मेहनत बेकार हो जाएगी। इसलिए गांधी के तम्बू की तरफ जाने से पहले उन्होंने वकील बाबू ब्रजकिशोर प्रसाद को साथ ले लिया। शुक्ल को लगा कि शायद उनके समझाने के तरीके में ही खोट है, लोग उनकी बातों से प्रभावित नहीं हो पाते, उनकी बोली समझ नहीं पाते। वकील बाबू अंगरेजी में समझाएँगे तो शायद काम बन जाएगा।

जब नील का दाग़ मिटा

ब्रजकिशोर प्रसाद और शुक्ल जब मोहनदास करमचन्द गांधी के तम्बू में घुसे तो सामने बैठे व्यक्ति को देखकर हैरत में पड़ गए। कई सालों से जिस नेता की चर्चा पूरे देश में थी, जो दक्षिण अफ्रीका में अंगरेजों को मात देकर लौटा था। वह शान–औ–शौकत से बिल्कुल दूर था। फिरंगी कोट के बदले उसने कठियावाड़ी कुरता–पायजामा पहन रखा था, पाँव बिल्कुल नंगे थे, क्योंकि उन्होंने नंगे पाँव चलने का व्रत ले रखा था। वे लोग मान कर चल रहे थे कि विलायत से लौटने वाला यह नेता मिस्टर जिन्ना की तरह सूट–बूट और हैट से लैस होगा, उन्होंने कभी कल्पना नहीं की थी कि वह देसी नेताओं से भी अधिक देसी होगा।

दुबले–पतले गांधी के चेहरे पर उगी मूछें काफी भारी–भरकम लग रही थीं। ऐसा लग रहा था कि कोई किसान अनाज मंडी से उठकर यहाँ आ गया हो। बाद में पता चला कि यह नेता उन दिनों ट्रेन के तीसरे दर्जे पर सवार होकर पूरे देश की यात्रा कर रहा था। शुक्ल ने एक पल के लिए सोचा कि पिछले डेढ़ साल से क्या वे इसी आदमी को चम्पारण ले जाने की कोशिश कर रहे थे ? अगर यह व्यक्ति चम्पारण गया तो क्या सचमुच अंगरेज इससे भयभीत हो जाएँगे और क्या चम्पारण के आम लोग इस बात को स्वीकार कर पाएँगे कि यही व्यक्ति उन्हें निलहों के अत्याचार से मुक्ति दिलाएगा। फिर उन्होंने सोचा कि हो सकता है, इनमें कोई अलौकिक शक्ति हो, हो सकता है नाम का ही असर हो। अब आ गए हैं तो इन्हें लेकर ही जाना है।

गांधी उस क्षण को याद करते हुए अपनी आत्मकथा 'सत्य के प्रयोग' में लिखते हैं :

> राजकुमार शुक्ल नामक चम्पारण के एक किसान थे। उन पर दुःख पड़ा था। यह दुःख उन्हें अखरता था। अपने इस दुःख के कारण उनमें नील के इस दाग को सबके लिए धो डालने की तीव्र लगन पैदा हो गई थी। जब मैं लखनऊ कांग्रेस में गया तो वहाँ इस किसान ने मेरा पीछा पकड़ा। 'वकील बाबू आपको सब हाल बताएँगे'—यह वाक्य वे कहते जाते और मुझे चम्पारण आने का निमंत्रण देते जाते।
>
> वकील बाबू से उनका आशय चम्पारण के मेरे प्रिय साथी, बिहार के सेवा जीवन के प्राण ब्रजकिशोर बाबू से था। राजकुमार शुक्ल उन्हें मेरे तम्बू में लेकर आए। उन्होंने काले आलपका की अचकन, पतलून वगैरह पहन रखी थी। मेरे मन में उनकी कोई अच्छी छाप नहीं पड़ी। मैंने मान लिया कि वे भोले किसानों को लूटने वाले कोई वकील साहब होंगे।

> मैंने उनसे चम्पारण की थोड़ी कथा सुनी। अपने रिवाज के अनुसार मैंने जवाब दिया—खुद देखे बिना इस विषय पर मैं कोई राय नहीं दे सकता। आप कांग्रेस में बोलिएगा। मुझे तो फिलहाल छोड़ ही दीजिए।

चम्पारण से पहुँचे दल को पहली रात की बातचीत में उम्मीद की कोई किरण नजर नहीं आई। अगले दिन चम्पारण से सम्बन्धित प्रस्ताव अधिवेशन में पेश होना था। और वह रस्मी तौर पर पेश हुआ, जिसका उल्लेख इस पुस्तक में शुरुआत में ही किया जा चुका है। उस प्रस्ताव में एक महत्त्वपूर्ण बात यह हुई कि पहली दफा एक किसान, राजकुमार शुक्ल ने कांग्रेस के मंच से किसानों के दुःख-दर्द की बात की। और उस प्रस्ताव ने, उस किसान द्वारा सच्चे दिल से कही गई बातों ने लोगों को प्रभावित किया। चम्पारण के किसानों की परेशानियाँ उसके बाद एक प्रस्ताव भर नहीं रह गई थी, वह जिन्दा समस्या बन गई। यही वजह थी कि प्रस्ताव जब पारित हुआ तो साथ ही साथ वहाँ मौजूद लोगों ने शेम-शेम कहकर नील प्लांटरों के कृत्य की भर्त्सना की। मगर इतनी प्रतिक्रिया भर से शुक्ल जी और उनके साथी सन्तुष्ट होने वाले नहीं थे, वे चाहते थे कि कांग्रेस के लोग उनके आन्दोलन को समर्थन दें और नेतृत्व का वादा करें।

मगर एक राजनीतिक दल के तौर पर कांग्रेस उस वक्त, किसी और धुन में रमी थी। यह धुन पिछले एक साल से इसके नेताओं पर सवार थी। गरम दल और नरम दल, कांग्रेस और मुसलिम लीग, इस अधिवेशन में सब एकजुट होने वाले थे। स्वराज का नारा बुलन्द किया जा रहा था। उस वक्त उस महफिल के दो नायक थे, पहले बाल गंगाधर तिलक जिनका व्यक्तित्व ही देश के लोगों को गौरव से भर देता था। उन्होंने 27 साल पहले ही 1890 में नारा दिया था, स्वराज मेरा जन्मसिद्ध अधिकार है और मैं इसे लेकर रहूँगा। यह नारा देश के करोड़ों युवाओं को उत्साह से भर देता था। उस जमाने में जब अंगरेज शासक भारतीयों को न पार्लियामेंट में देखना चाहते थे, न एडमिनिस्ट्रेशन में जब ज्यादातर लोग छोटे-छोटे सुधारों और रियायतों से खुश हो जाते थे और उसे राजनीतिक उपलब्धि की तरह देखते थे, एक भारतीय का स्वराज की बात करना लोगों को चकित कर देता था। खुद कांग्रेस पार्टी 13 साल बाद 1929 में लाहौर अधिवेशन में पूर्ण स्वराज की माँग तक पहुँची। जबकि तिलक 39 साल पहले ही स्वराज्य का नारा दे चुके थे।

जाहिर है, ऐसे क्रान्तिकारी विचार रखने वाले तिलक की नरम मिजाज वाले ज्यादातर कांग्रेसियों से कभी नहीं बनी। 1907 के कांग्रेस के सूरत अधिवेशन में दोनों विचार के लोगों में खासा मतभेद हो गया। इस फूट का लाभ उठाकर सरकार ने उन्हें आतंकवाद और अराजकता फैलाने के आरोप में गिरफ्तार करके बर्मा के मांडले जेल भेज दिया। वे अगले छह साल तक जेल में ही रहे। इस बीच कांग्रेस ने उन्हें भले भुला दिया मगर देश की जनता की निगाह में उनकी छवि एक साहसी नायक की बनी रही। लौटे तो कांग्रेस में नरमपंथियों और समझौतावादियों का दबदबा था। वे समझ रहे थे, वहाँ उनके लिए जगह नहीं है। लिहाजा उन्होंने 'इंडियन होमरूल लीग' की स्थापना की। 'इंडियन होमरूल लीग' का मकसद और नारा भी स्वराज ही था।

इस बीच कांग्रेस की परिस्थितियाँ तेजी से बदलने लगीं। फरवरी, 1915 में नरमपंथियों के सबसे बड़े नेता गोपालकृष्ण गोखले का महज 48 साल की उम्र में निधन हो गया। ऐसे में कांग्रेस को ऐसे एक विराट व्यक्तित्व की जरूरत थी, जो राष्ट्रीय स्तर पर इस पार्टी को मजबूत नेतृत्व प्रदान कर सके। तिलक स्वाभाविक पसन्द थे और कांग्रेस उन्हें हाथोहाथ लेने के लिए तैयार थी। 1916 का कांग्रेस अधिवेशन गरम दल की वापसी का अवसर साबित हुआ। 1907 में सूरत में जो फूट पड़ी थी, नौ साल बाद लखनऊ में जुड़ चुकी थी। दरार भर गए थे।

26 दिसम्बर, 1916 से शुरू हुए इस अधिवेशन में एक मिलन तो हो गया था, दूसरे मिलन की तैयारियाँ चल रही थीं। इस मिलन के नायक तरक्कीपसन्द मुस्लिम लीडर मोहम्मद अली जिन्ना थे, जिन्हें उस वक्त मिस्टर जिन्ना कहकर पुकारा जाता था।

दरअसल, पिछले कुछ सालों से देश का पढ़ा-लिखा मुसलमान तबका अंगरेजों से नाराज चल रहा था। उसकी कई वजहें थीं। पहली और सबसे बड़ी वजह थी कि अंगरेजों ने 1912-13 के बाल्कन के युद्ध में और दूसरे युद्धों में तुर्की का साथ नहीं दिया। तुर्की से दुनियाभर के मुसलमानों का दिली जुड़ाव था, क्योंकि वह खलीफा की धरती थी। इसके अलावा बंगाल का विभाजन रद्द होना भी उन्हें खल रहा था, क्योंकि मुस्लिम बिरादरी इस विभाजन के पक्ष में थी। अंगरेज सरकार ने अलीगढ़ में एक राष्ट्रीय विश्वविद्यालय की माँग भी ठुकरा दी थी। और भी कई ऐसी बातें हुईं जिनसे तरक्कीपसन्द मुस्लिम

बिरादरी को लगने लगा कि देश को अंगरेजों से आजाद कराया जाना अब बहुत जरूरी हो गया है। इसी वजह से ऑल इंडिया मुस्लिम लीग जैसी संस्था में राष्ट्रवादी मुसलमानों का प्रभुत्व बढ़ने लगा और 1915 से ही कांग्रेस और मुस्लिम लीग करीब आने लगे।

इस काम के अगुआ तो मिस्टर जिन्ना जैसे तरक्कीपसन्द वकील थे ही, जो कांग्रेस और मुस्लिम लीग दोनों के सदस्य थे। बाल गंगाधर तिलक ने भी पूरी जिम्मेदारी से इसके पक्ष में माहौल बनाया। जिनकी पहचान उस वक्त तक एक हिन्दूवादी राष्ट्रीय नेता के रूप में रही थी, तिलक का उस वक्त का वह बयान काफी मकबूल हुआ था, जब उन्होंने कहा था कि अंगरेज अगर मुसलमानों को या पिछड़े हिन्दुओं को भी स्वराज देकर चले जाएँ तो मुझे कोई आपत्ति नहीं होगी। क्योंकि तब भी राज कोई हिन्दुस्तानी ही करेगा। हालाँकि मदनमोहन मालवीय इस समझौते के लिए तैयार नहीं थे, क्योंकि इस समझौते के तहत मुसलमानों के लिए अलग निर्वाचन क्षेत्र की माँग पर दोनों दलों में सहमति बनने वाली थी।

इसके बावजूद सबकुछ सौहार्दपूर्ण माहौल में हो रहा था। वाजिद अली शाह के बगीचे से तीन-चार किलोमीटर दूर रिफा-ए-आम क्लब में शानोशौकत की अपनी पुरानी परम्परा के अनुरूप ऑल इंडिया मुस्लिम लीग का सालाना जलसा चल रहा था। दिलचस्प बात यह थी कि बरसों से एक-दूसरे के विरोधी रहे कांग्रेस और मुस्लिम लीग में इन दिनों काफी अच्छा सामंजस्य नजर आ रहा था। दोनों अधिवेशनों में एक जैसे प्रस्ताव पास हो रहे थे। यह सब कुछ मिस्टर जिन्ना की वजह से हो रहा था। उस समय जिन्ना प्रखर राष्ट्रवादी थे। और तब तक ऐसा कोई संकेत स्पष्ट नहीं हुआ था कि उनकी राजनीति आने वाले वर्षों में साम्प्रदायिकता की घातक ढलान की ओर बढ़ने वाली है। भारत कोकिला सरोजिनी नायडू ने तो तब उन्हें 'अंबेस्डर ऑफ हिन्दू-मुस्लिम यूनिटी' यानी 'हिन्दू-मुस्लिम एकता का राजदूत' कहकर पुकारा था।

इन परिस्थितियों में चम्पारण के सवालों पर भला कौन ध्यान देता। हाँ, गांधी जरूर खुद को इस माहौल से अलग महसूस कर रहे थे। उन्हें आभास था कि स्वराज सिर्फ इन जलसों और बातों से हासिल नहीं होने वाला, इसे जमीन पर उतरना पड़ेगा। आम लोगों को इस आन्दोलन से जोड़ना पड़ेगा। वे स्वराज की बात से तो सहमत थे, मगर कांग्रेस के लोगों के तरीकों को लेकर आश्वस्त

नहीं थे। वे कोई नया तरीका तलाश रहे थे। इसलिए उन्होंने जब मंच से राजकुमार शुक्ल को किसानों के दु:ख-दर्द की बातें कहते हुए सुना तब उन्होंने शुक्ल की उपेक्षा नहीं की। प्रस्ताव पास होने के बाद एक बार फिर शुक्ल और उनके साथी गांधी से मिलने आए तो उन्होंने हाँ कह दिया। उन्होंने कहा कि वे चम्पारण को अपनी यात्रा के कार्यक्रम में शामिल कर लेंगे। दो-तीन दिन तो काफी रहेंगे न?

इस पर खुश होकर राजकुमार शुक्ल ने कहा—एक दिन ही काफी होगा, आप चलकर देखिए तो सही।

पता नहीं शुक्ल में इतना आत्मविश्वास कहाँ से आ गया था। शायद वे आश्वस्त होंगे कि गांधी एक दिन के लिए भी वहाँ चले गए और शोषण की उस व्यवस्था को देख भर लिया तो उसका समाधान किए बगैर नहीं लौटेंगे। हुआ भी वही। गांधी जब अप्रैल, 1917 में चम्पारण गए थे तो उनकी योजना महज तीन-चार दिन ठहरने की थी। मगर पूरे एक साल तक चम्पारण में ठहरे। इस दौरान कलंकित नील की खेती का अन्त हुआ और गांधी के हाथों वहाँ कई दूसरे सामाजिक कार्यों की शुरुआत भी हुई। उसकी कहानी आगे।

फिलहाल यह कि आखिरकार राजकुमार शुक्ल ने गांधी को चम्पारण आने के लिए राजी कर लिया। मगर आन्दोलन के संयोजक रह चुके शुक्ल जानते थे कि सिर्फ 'हाँ' कह देना गारंटी नहीं है। वे तो गांधी को अपने साथ लेकर उसी वक्त जाना चाहते थे। लिहाजा वे लखनऊ के अधिवेशन के खत्म होने का इन्तजार करते रहे। 31 दिसम्बर, 1916 को लखनऊ पैक्ट पर कांग्रेस और मुसलिम लीग में सहमति बन गई। पृथक निर्वाचन मंडल और दूसरे कई मसलों पर सहमति बनी और कई सफलताओं के साथ कांग्रेस का लखनऊ अधिवेशन समाप्त हो गया।

शुक्ल ने यह मालूम कर लिया था कि यहाँ से गांधी और तिलक अब कानपुर जाएँगे। पीछे-पीछे वे भी कानपुर पहुँच गए। पहली जनवरी को कानपुर में बड़ी सभा थी। वहाँ तिलक की सभा में दस हजार से अधिक लोग पहुँचे थे, इस बात को शुक्ल ने अपनी डायरी में दर्ज किया। मगर उनकी रुचि अब तिलक में नहीं बल्कि गांधी में थी। उन्होंने फिर गांधी को घेरा। कहने लगे—यहाँ से तो चम्पारण पास ही है, क्यों न साथ ही चलते हैं।

गांधी को ऐसा लगाड़ी (पीछा पकड़ लेने वाला) आदमी नहीं मिला था। उन्होंने कहा कि अभी तो मुझे माफ कीजिए, पर मैं चम्पारण आने का वचन देता हूँ।

चम्पारण में गांधी

गांधी अपनी आत्मकथा में लिखते हैं :

> कानपुर से जब मैं अहमदाबाद वाले आश्रम गया तो मेरे पीछे-पीछे राजकुमार शुक्ल वहाँ भी पहुँच गए, और वहाँ वे दिन-तारीख मुकर्रर करने की जिद करने लगे। मैंने कहा, फलां दिन (मार्च में) मुझे कलकत्ता जाना है। वहाँ आइए और मुझे अपने साथ ले चलिए।

मगर शुक्ल की डायरी कहती है कि वे कानपुर से ही चम्पारण लौट गए थे। हो सकता है, गांधी को कोई भ्रम हुआ हो। हो सकता है, ये बातें कानपुर में ही हुई हों।

लखनऊ अधिवेशन के बाद चम्पारण लौटे शुक्ल के साथ गांधी तो नहीं आए थे, मगर एक उम्मीद थी कि मार्च में गांधी आएँगे।

राजकुमार शुक्ल जब तक कानपुर से चम्पारण लौटते उससे पहले उनकी खबरें यहाँ पहुँच चुकी थीं। लखनऊ के कांग्रेस अधिवेशन में बिहार स्पेशल ब्राँच का एक अफसर भी मौजूद था। उसने 13 जनवरी, 1917 को रिपोर्ट जमा की। उस रिपोर्ट में शुक्ल के कांग्रेस के मंच से दिए गए भाषण के अंश का उल्लेख था। 16 मार्च, 1917 को बिहार और उड़ीसा प्रान्त के मुख्य सचिव ने भारत सरकार के गृह विभाग के सचिव को भेजी गई अपनी पाक्षिक रिपोर्ट में चम्पारण का खास तौर पर जिक्र किया। उसने लिखा :

> तिरहुत के कमिश्नर ने रिपोर्ट दी है कि पिछले दिनों चम्पारण में भू-स्वामियों और रैयतों के बीच तनाव काफी बढ़ गया है। ऐसा राजकुमार शुक्ल नामक व्यक्ति के लखनऊ में हुए कांग्रेस अधिवेशन से लौटने के बाद हुआ है। उस व्यक्ति ने वहाँ नील के मसले पर भाषण भी दिया था। रैयतों का अब तक जमींदारों के साथ मित्रतापूर्ण सम्बन्ध रहा है, मगर उन्हें भड़काया जा रहा है और जमींदार विरोधी आन्दोलन में हिस्सा लेने के लिए मजबूर किया जा रहा है। इस स्थिति पर सावधानी से निगाह रखी जा रही है।

हालाँकि इस दौरान की शुक्ल की गतिविधियों से ऐसा नहीं लगता कि वे किसानों को भड़काने में जुटे थे। 12 जनवरी से 7 मार्च के बीच की उनकी डायरी की प्रविष्टियाँ बताती हैं कि ज्यादातर वक्त वे अदालती कार्रवाइयों में उलझे रहे। बार बार रैयतों के मुकदमे के सिलसिले में कचहरी जाते, वकीलों

और पेशकारों से मिलते। इस बीच वे अपनी फसल बेचने और किसी की शादी तय करने का काम भी करते रहे। किसी तारीख में उन्होंने ऐसा नहीं लिखा है कि वे किसानों की किसी सभा में शामिल हुए या किसी गाँव का दौरा कर रैयतों से मुलाकात की।

अनुमान किया जा सकता है कि लखनऊ कांग्रेस की खबरें चम्पारण में फैल गई होंगी। यह भी लोगों को पता चल गया होगा कि गांधी आने वाले हैं। इस वजह से लोगों में उत्साह बढ़ गया होगा। उसी दौर में लोमराज सिंह वाला मामला भी हुआ था। इस वजह से अधिकारियों को लगा हो कि यह सब लखनऊ अधिवेशन और गांधी के आने की खबर की वजह से हो रहा है।

दरअसल जसौलीपट्टी गाँव के किसान लोमराज सिंह का मामला उन दिनों गरमाया हुआ था। 'प्रताप' अखबार के 16 अप्रैल, 1917 के अंक में यह पूरा मामला 'चम्पारण की दुर्दशा' नामक शीर्षक के साथ विस्तार से प्रकाशित हुआ था। रिपोर्ट पीर मोहम्मद मुनिस की थी, मगर दुःखी हृदय के नाम से प्रकाशित हुई थी।

घटना होली के आसपास की थी। इस रिपोर्ट के मुताबिक जसौलीपट्टी गाँव के लोग शरहबेशी समझौते के लिए तैयार नहीं थे। उस इलाके की लगिरहा कोठी का मालिक मि. कैम था। वह इस तलाश में था कि कोई बहाना ढूँढ़े जिससे गाँव वालों को एग्रीमेंट के लिए मजबूर किया जा सके। होली से एक-दो दिन पहले उस गाँव से एक युवती का शव बरामद हुआ। कैम और उसके सहयोगी पुलिस वालों ने इस मामले में गाँव के प्रतिष्ठित किसान लोमराज सिंह को लपेटने की कोशिश की। इस चक्कर में गाँव में बलवा हो गया और कैम की पिटाई हो गई।

घटना के बाद लोमराज सिंह के घर पुलिस पहुँची। उसने घर की महिलाओं की बेइज्जती की। कई घरों में पुलिस ने तोड़फोड़ मचाई। गाँव वालों ने इस बात की शिकायत लाट (लेफ्टिनेंट गवर्नर) को तार भेज कर की। मगर कोई फायदा नहीं हुआ। बाद में गांधी के बिहार आने पर लोमराज सिंह यह मामला लेकर उनसे मिलने बाँकीपुर गए थे। उन्होंने कहा था कि आप इस मामले का कुछ कीजिए वरना मैं खुदकुशी कर लूँगा। यह बाद की कहानी है।

कानपुर से लौटे राजकुमार शुक्ल बस दिन गिन रहे थे और मार्च का इन्तजार कर रहे थे। 27 फरवरी को उन्होंने एक रिमाइंडर पत्र गांधी जी को भेजा :

मान्यवर महात्मा
किस्सा सुनते हो रोज औरों के
आज मेरी भी दास्तान सुनो

आपने उस अनहोनी को प्रत्यक्ष का कार्यरूप में परिणत कर दिखाया, जिसे टॉल्सटाय जैसे महात्मा केवल विचारा करते थे। उसी आशा और विश्वास के वशीभूत होकर हम आपके निकट अपनी राम कहानी सुनाने के लिए तैयार हैं। हमारी दु:ख भरी कहानी उस दक्षिण अफ्रीका के अत्याचार से, जो आप और आपके अनुयायी वरी सत्याग्रही बहनों और भाइयों के साथ हुआ, कहीं अधिक है। हम अपना वह दु:ख जो हमारी 19 लाख आत्माओं के हृदय पर बीत रहा है, सुनाकर आपके कोमल हृदय को दुखित करना उचित नहीं समझते हैं। बस केवल इतनी ही प्रार्थना है कि आप स्वयं आकर अपनी आँखों से देख लीजिए, तब आपको अच्छी तरह से विश्वास हो जाएगा कि भारतवर्ष के एक कोने में यहाँ की प्रजा, जिसको ब्रिटिश छत्र की सुशीतल छाया में रहने का अभिमान प्राप्त है, किस प्रकार के कष्ट सहकर पशुवत जीवन व्यतीत कर रही है। हम और अधिक न लिखकर आपका ध्यान उस प्रतिज्ञा की ओर आकृष्ट करना चाहते हैं, जो लखनऊ कांग्रेस के समय और फिर वहाँ से लौटते समय कानपुर में आपने की थी, अर्थात मार्च-अप्रैल महीने में चम्पारण आऊँगा, बस अब समय आ गया है। श्रीमान अपनी प्रतिज्ञा को पूर्ण करें। चम्पारण की 19 लाख दु:खी प्रजा श्रीमान के चरण-कमल के दर्शन की टकटकी लगाये बैठी है। और उन्हें आशा ही नहीं पूर्ण विश्वास है कि जिस प्रकार भगवान श्री रामचन्द्र के चरण स्पर्श से अहिल्या तर गई, उसी प्रकार श्रीमान के चम्पारण में पैर रखते ही हम 19 लाख प्रजाओं का उद्धार हो जाएगा।

बेतिया — श्रीमान का दर्शनाभिलाषी
27 फरवरी,1917 — राजकुमार शुक्ल

यह पत्र एक ऐतिहासिक दस्तावेज है। इस पत्र में गांधी को महात्मा कहकर सम्बोधित किया गया है। यह सम्भवत: पहला मौका है जब गांधी को

किसी ने महात्मा कहा। बाद में महात्मा उनके नाम के साथ ऐसा जुड़ा कि कभी अलग ही नहीं हो पाया। कई स्रोत कहते हैं कि यह पत्र भले ही राजकुमार शुक्ल के नाम से लिखा गया, मगर इसके लेखक वस्तुतः पीर मोहम्मद मुनिस थे। 'नील के धब्बे' उपन्यास के लेखक विंध्याचल प्रसाद गुप्त ने अपनी पुस्तक में स्पष्ट लिखा है कि यह पत्र शुक्ल ने मुनिस से लिखवाया था। यह बात काफी हद तक सही भी लगती है, क्योंकि शुक्ल पढ़े-लिखे व्यक्ति जरूर थे, मगर टॉल्सटॉय और दक्षिण अफ्रीका के उद्धरण देकर बात करने की शैली उनकी नहीं थी। यह शिक्षक-पत्रकार मुनिस की ही भाषा हो सकती थी, जो लगातार शुक्ल की बातों को भाषाई तेवर देकर 'प्रताप' में भेजा करते थे। बाद में लेखक केके दत्ता को मुनिस के घर से इस पत्र की एक कॉपी भी मिली, जिससे यह बात और भी पुष्ट हो गई।

गांधी तो जैसे इस पत्र के इन्तजार में ही थे, उन्हें एक तार भेजकर तत्काल 7 मार्च की तारीख दे दी। मगर डाक विभाग की गड़बड़ियों की वजह से यह तार शुक्ल को देर से मिला। हालाँकि इस बीच अखबारों के जरिये उन्हें पता चल गया कि गांधी 7 मार्च को कलकत्ता जाने वाले हैं। यह खबर मिलते ही शुक्ल कलकत्ता जाने के लिए तत्पर हो गए। मुजफ्फरपुर जाकर इन्होंने अपने पूर्व परिचित सूरजमल प्रसाद और दयाप्रसाद सिंह से मुलाकात की और उन्हें अपनी योजना बताई। उस वक्त शुक्ल के पास पैसे नहीं थे, तो दोनों ने 12 रुपए बतौर उधार शुक्ल जी को दिए।

मगर उनको निकलने में देर हो गई। वे 8 मार्च को मुजफ्फरपुर से बरौनी के लिए निकले। सिमरिया में गंगा पार करके मोकामा पहुँचे। वहाँ गंगा स्नान किया, घाट पर स्थित एक दुकान में चूड़ा दही खाया। तीन बजे शाम में हावड़ा के लिए ट्रेन पकड़ी और अगली सुबह 9 तारीख को कलकत्ता पहुँचे। वहाँ सुरेन्द्रनाथ बनर्जी के घर पहुँचे, जहाँ गांधी ठहरने वाले थे, मगर वहाँ पता चला कि गांधी लौट चुके हैं।

उन्होंने सुरेन्द्रनाथ बनर्जी को चम्पारण की सारी कथा सुनाई। फिर वहाँ से अमृत बाजार पत्रिका के सम्पादक मोतीलाल घोष से मुलाकात की और उन्हें भी चम्पारण का ताजा हाल सुनाया। रात बंगाली ऑफिस में गुजारी। अगले दिन फिर से अमृत बाजार पत्रिका के दफ्तर जाकर पत्रकारों से बातचीत की और शाम को बेतिया के लिए ट्रेन पकड़ ली।

7 और 8 मार्च को राजकुमार शुक्ल ने क्या किया यह तो हमें मालूम है, मगर गांधी ने इन दोनों तारीख को क्या किया उसका सही–सही विवरण कहीं नहीं मिलता है। यह सवाल इसलिए जेहन में आता है, क्योंकि एक सरकारी दस्तावेज यह बताता है कि चम्पारण आने से पहले गांधी की वायसराय के सेक्रेटरी डब्ल्यू आर गोरले से कलकत्ता में मुलाकात हुई थी और चम्पारण के मसले पर दोनों के बीच लम्बी चर्चा हुई थी। गोरले वही अफसर थे, जिन्होंने 1908 के चम्पारण के विद्रोह की जाँच की थी। इनको रैयत समर्थक अधिकारी माना जाता था :

> गांधी–गोरले मुलाकात का जिक्र सिर्फ एक गोपनीय पत्र में है, जो 28 अप्रैल, 1917 को बिहार और उड़ीसा प्रान्त के मुख्य सचिव एच. मैक्फर्सन ने तिरहुत कमिश्नर एलएफ मोरशेड को लिखा था। उस पत्र में मैक्फर्सन उन आरोपों का जवाब दे रहे थे, जो मोरशेड ने लगाये थे। मोरशेड ने एक पत्र लिखकर उन्हें कहा था कि गांधी की राजनीतिक स्थिति के बारे में उन्हें अँधेरे में रखा गया। एक गुप्त रिपोर्ट के जरिये उन्हें मालूम हुआ था कि चम्पारण आने से पहले गांधी हिज एक्सीलेंसी वायसराय के प्राइवेट सेक्रेटरी गोरले से मिले थे और उनके बीच लम्बी बातचीत हुई थी। मैक्फर्सन ने अपने पत्र में जवाब दिया कि मैंने गोरले से पूछा है कि क्या यह बात सच है कि गांधी के साथ उनका लम्बा साक्षात्कार हुआ है, अगर हाँ तो उनके बीच क्या बातचीत हुई। हालाँकि उन्होंने यह भी कहा कि ऐसी सम्भावना कम लगती है, क्योंकि ऐसा कुछ हुआ होता तो गृह विभाग को इसकी खबर जरूर होती और उनकी तरफ से बिहार सरकार को जरूर सूचना भेजी गई होती। गोरले को मैक्फर्सन ने पत्र लिखा या नहीं, गोरले ने इसका जवाब दिया या नहीं, अगर दिया तो क्या दिया, इसकी जानकारी नहीं मिलती।

लेकिन मैक्फर्सन का पत्र बीबी मिश्रा की पुस्तक 'सेलेक्टेड पेपर्स ऑन महात्मा गांधीज मूवमेंट इन चम्पारण' में उपलब्ध है। इस पुस्तक का प्रकाशन बिहार सरकार के डायरेक्टरेट ऑफ आर्काइव ने किया है।

बहरहाल अगर गोरले और गांधी की मुलाकात और लम्बी चर्चा कलकत्ता में हुई थी, तो भी इसका यह मतलब बिल्कुल नहीं है कि गांधी की चम्पारण यात्रा सरकार समर्थित थी। गोरले एक सरकारी अधिकारी होने के बावजूद जनपक्षधर इनसान थे। यह बात 1908 के विद्रोह की जाँच रिपोर्ट से जाहिर है,

जो अब जाकर उपलब्ध हुई है। बहुत मुमकिन है कि दोनों की मुलाकात निजी तौर पर हुई हो। अगर यह बात सच है तो इससे यही जाहिर होता है कि गांधी ने चम्पारण जाने से पहले पूरी तैयारी कर रखी थी।

चम्पारण जाने से पहले गांधी दो दफा कलकत्ता गए थे। पहली बार 7 मार्च, 1917 को, जिसकी सूचना तार से उन्होंने राजकुमार शुक्ल को दी थी, मगर शुक्ल वक्त पर पहुँच नहीं सके और 9 मार्च को जब वे पहुँचे तो गांधी वहाँ से जा चुके थे। दूसरी दफा वे 8 अप्रैल को कलकत्ता पहुँचे और उस बार शुक्ल गांधी से पहले ही वहाँ हाजिर थे। 9 अप्रैल तक गांधी कलकत्ता में रहे। इस दौरान उनका काफी व्यस्त कार्यक्रम रहा। शुक्ल लगातार उनके साथ रहे। 9 अप्रैल, 1917 को दोनों पटना के लिए निकल गए। इसलिए अगर गांधी और गोरले की मुलाकात हुई होगी तो वह मार्च वाले दौरे में ही हुई होगी, जिसके बारे में हमें ज्यादा जानकारी नहीं है।

12 मार्च, 1917 को राजकुमार शुक्ल कलकत्ता से निराश होकर लौट आए और फिर एक पत्र उन्होंने गांधी को भेजा, जिसका जवाब 16 मार्च, 1917 को गांधी ने भेजा कि मैं चम्पारण आने की चेष्टा करूँगा। 20 मार्च को गांधी ने एक और पत्र लिखकर पूछा कि वे मुजफ्फरपुर किस मार्ग से पहुँच सकते हैं और क्या तीन दिन की चम्पारण यात्रा में वे जो देखना चाहें, देख सकते हैं या नहीं। इस बीच पीर मोहम्मद मुनिस ने भी 22 मार्च, 1917 को गांधी के नाम एक पत्र लिखा और उन्हें अपनी तरफ से चम्पारण आने का न्योता दिया। आखिरकार 3 अप्रैल, 1917 को गांधी ने फिर से राजकुमार शुक्ल के नाम टेलीग्राम भेजा और कहा कि मैं कलकत्ता जा रहा हूँ, श्री भूपेन्द्रनाथ बसु के घर ठहरूँगा, वहाँ आकर मिलें। उस तार को पढ़कर राजकुमार शुक्ल पहले ही निकल पड़े और जब वे लौटे तो उनके साथ गांधी थे।

वे ग्यारह दिन

9 अप्रैल, 1917 को जब गांधी, राजकुमार शुक्ल के साथ पटना जाने वाली ट्रेन में बैठे होंगे तो उन्हें इस बात का शायद ही अन्दाजा होगा कि अगले 11 दिन उनके जीवन में कितने महत्त्वपूर्ण साबित होने वाले हैं। वे तो बस एक गँवई किसान की व्यथा कथा से द्रवित हो गए थे और उसकी शिकायतों की

वस्तुस्थिति जानने उसके इलाके जा रहे थे। उन्होंने तय किया था कि तीन-चार दिन में सबकुछ समझकर वापस लौट आएँगे। मगर चम्पारण की धरती, वहाँ के लोगों ने उन्हें बाँध लिया। वहाँ के अधिकारियों ने उन्हें उकसाया। वहाँ के हालात ने उन्हें चुनौती दी। हालात के उलझनों ने उन्हें तरकीब सुझायी। पहली दफा उन्हें लगा कि सत्ताधीशों से विनम्रतापूर्वक कह देना चाहिए कि मैं आपके कानून को मानने से इनकार करता हूँ। आप इसके बदले मुझे जो सजा देना चाहें दे सकते हैं।

पहली दफा अदालत में ऐसी जिरह हुई, जिसमें सरकारी वकील ने आरोप लगाया कि आपने कानून की फलाँ-फलाँ धाराओं का उल्लंघन किया है और आरोपी पक्ष ने बिना किसी जिरह के स्वीकार कर लिया कि हाँ, मैंने फलाँ-फलाँ धाराओं का उल्लंघन किया है, क्योंकि इस अदालत से बड़ी अदालत ने मुझे ऐसा करने के लिए प्रेरित किया है। मैं दंड भुगतने के लिए प्रस्तुत हूँ। अदालत हक्का-बक्का थी। वह जमानत देने के लिए तैयार थी, मगर आरोपी सजा भुगतने के लिए तैयार था। हार कर सरकार को खुद मुकदमा वापस ले लेना पड़ा। अदालत की जीत बेकार साबित हो रही थी और जो हारा था वह काफी शक्तिशाली मालूम हो रहा था। गांधी ने अपनी आत्मकथा में लिखा है, उसी दौरान उन्हें अहिंसा देवी के दर्शन हुए और उन्होंने सत्याग्रह या सविनय अवज्ञा को आकार लेता महसूस किया। उन ग्यारह दिनों में सत्ता के खिलाफ संघर्ष के एक नए हथियार का जन्म हुआ, जो बिना चोट पहुँचाए सत्ता को जनपक्षधर बनने के लिए विवश करती थी। यही गांधी का सत्याग्रह था, जिसका जन्म चम्पारण की धरती पर हुआ। मोतिहारी की निचली अदालत में :

> 9 अप्रैल, 1917 की शाम मोहनदास करमचन्द गांधी चम्पारण के एक देहाती किसान, राजकुमार शुक्ल के सुपुर्द हो गए थे। वह उन्हें एक ऐसी यात्रा पर ले जा रहा था, जिस राह से गुजरते हुए बीसवीं सदी के उस महामानव को अपने लिए और इस दुनिया के लिए संघर्ष की एक ऐसी राह का निर्माण करना था जो हिंसा और रक्तपात से काफी दूर हो। इतना ही नहीं, वह गांधी के लिए सम्भवत: उन गाँवों की पहली यात्रा थी, जिन्हें बाद के दिनों में वे भारत का हृदय कहने वाले थे। उन्होंने गांधी को गाँवों से, अहिंसा से, सत्याग्रह से, सविनय अवज्ञा से परिचय कराया, उस दरिद्रतम हिन्दुस्तान का नजारा दिखाया, जिसे देखकर गांधी ने घुटने तक ही धोती पहनने का निश्चय

किया। ताकि कपड़े की कमखर्ची हो सके। वे अपना काम खुद करने लगे। भंगी तक बनने में संकोच करना छोड़ दिया।

गांधी की इस यात्रा में न उनकी अपनी इच्छा थी, न कोई योजना। शुक्ल लगभग जबरदस्ती उन्हें अपने साथ ले जा रहे थे। दरअसल शुक्ल वह पुल थे, जिसके एक तरफ पार्लियामेंट की बहसें, पिकनिक भरे अन्दाज वाले अधिवेशन, अंगरेजी के भाषण, अदालतों के दाँवपेंच थे और कांग्रेस थी, तो दूसरी तरफ एक अलग रास्ता था, जिसने देश को बदला, उसे आजादी दी और दुनिया को नई राह दिखाई। मगर देश ने राजकुमार शुक्ल को, गांधी को चम्पारण ले जाने की उनकी जिद को, इस रूप में शायद ही कभी देखा! चम्पारण सत्याग्रह के सौ साल बाद भी इतिहास की किताबों में उस नायक के बारे में सिर्फ इतना ही लिखा है कि वह चम्पारण का एक अनपढ़ किसान था, जिनके बुलावे पर गांधी चम्पारण गए थे।

पटना, 10 अप्रैल, 1917

10 अप्रैल की सुबह गांधी ने बिहार की धरती पर पाँव रखा। राजकुमार शुक्ल उन्हें सीधे डॉ. राजेन्द्र प्रसाद के आवास पर लेकर गए। रैयतों के मुकदमे के सिलसिले में शुक्ल उनके घर आते-जाते रहते थे, उस वक्त राजेन्द्र बाबू पटना के बड़े वकीलों में से एक थे। वे कांग्रेस में भी सक्रिय थे। लिहाजा शुक्ल को लगा कि गांधी जैसे बड़े नेता को उन्हीं के यहाँ ठहराना ठीक रहेगा। लेकिन उन्हें यह नहीं मालूम था कि राजेन्द्र बाबू उस वक्त पटना में नहीं थे। दिलचस्प बात यह है कि जब शुक्ल गांधी को लाने कलकत्ता पहुँचे थे तो राजेन्द्र बाबू भी कलकत्ता में ही थे। वहाँ गांधी जी की एक बैठक के दौरान राजेन्द्र बाबू से मुलाकात भी हुई थी। वहाँ से राजेन्द्र बाबू किसी कार्यक्रम में भाग लेने पुरी चले गए थे।

अगर गांधी को मालूम होता कि शुक्ल उन्हें राजेन्द्र प्रसाद के घर ले जा रहे हैं तो वे उन्हें पहले ही मना कर देते। लेकिन शुक्ल ने गांधी को कुछ बताया नहीं और सीधे लेकर राजेन्द्र बाबू के घर पहुँच गए। उस वक्त तक गांधी भी यही समझ रहे थे कि शुक्ल भले देहाती किसान जैसे लग रहे हों, पटना में जरूर उनकी ठीक-ठाक पहचान होगी इसलिए वे निश्चिन्त थे। इस भ्रम में पटना की

धरती पर उतरते ही उनका पहला अनुभव बड़ा अपमानजनक रहा। राजेन्द्र बाबू के घर में उनके नौकर ने इन दोनों को दरवाजे पर ही बिठा दिया, अन्दर जाने नहीं दिया। दोनों वेश-भूषा से देहाती किसान ही लग रहे थे। नौकर ने समझा कि ये दोनों मुवक्किल हैं। उस जमाने में हर वकील के दरवाजे पर मुवक्किलों के ठहरने, सोने और शौच वगैरह की व्यवस्था होती थी। नौकर ने दोनों को वहीं ठहरा दिया। अन्दर का शौचालय भी इस्तेमाल करने नहीं दिया।

गांधी इस अनुभव से बड़े उद्विग्न हो गए और राजकुमार शुक्ल से उनका भरोसा ही खत्म हो गया। उन्होंने तत्काल वहीं से अपने भतीजे मगनलाल को पत्र लिखा :

> जो व्यक्ति मुझे लाया है, कुछ नहीं जानता। उसने मुझे एक अनजानी जगह में ला पटका है। घर का मालिक कहीं गया हुआ है। नौकर ऐसा समझते हैं कि अवश्य ही हम दोनों भिखारी होंगे। वे हमें घर के पाखाने का भी उपयोग नहीं करने देते। खाने-पीने की तो बात ही क्या?
>
> यदि यही स्थिति रही तो चम्पारण जाना नहीं हो सकेगा। मार्गदर्शक मेरी कोई मदद कर सकेगा, ऐसा दिखाई नहीं देता। मैं अपना मार्ग स्वयं खोज सकूँ, ऐसी स्थिति नहीं है। इस दशा में मैं अपना पता तुम्हें नहीं दे सकता। यदि मैं किसी को वहाँ से मदद के लिए लाया होता तो वह भी मुझ पर एक भार ही होता।

हालाँकि यह भाव क्षणिक था। गांधी अपनी हताशा जाहिर कर रहे थे। लेकिन उसी पत्र के आखिर में उन्होंने लिखा :

> ''मैं सिर्फ अपनी अनिश्चित स्थिति की बात भर तुम्हें बता रहा हूँ। तुम्हें कोई चिन्ता करने की जरूरत नहीं। क्योंकि मैं एकान्त का आनन्द तो उठा ही रहा हूँ। घर ठीक है। नहाने-धोने की सुविधा है, इसलिए शरीर की जरूरत पूरी हो रही है। आत्मा का विकास तो हो ही रहा है।''

गांधी को समझ में आ गया था कि गाँव का यह भोला-भाला किसान अपने शहर पटना में भी उनके लिए यथोचित व्यवस्था नहीं कर पाएगा और आगे उसके भरोसे चम्पारण तक जाना भी ठीक नहीं है। लिहाजा उन्होंने अपने पुराने परिचित मजहरूल हक की मदद लेने का फैसला किया। हक ने उनके साथ लन्दन में कानून की पढ़ाई की थी। बम्बई में हुए कांग्रेस अधिवेशन में उनसे गांधी की मुलाकात भी हुई थी और उस वक्त हक ने उन्हें पटना आने का

न्योता दिया था। गांधी ने शुक्ल जी के हाथों उनके नाम एक पुरजा लिखकर भिजवा दिया कि वे पटना आए हुए हैं और उनसे मिलना चाहते हैं।

खबर मिलते ही मजहरूल हक भागे-भागे आए और अपने साथ अपनी कार में बिठाकर गांधी और शुक्ल जी को अपने घर सिकन्दर मंजिल ले गए। मजहरूल हक थे तो सामाजिक कार्यकर्ता और राजनेता मगर वे बड़े अलमस्त और मनमौजी जीव थे। एक नील जमींदार के पुत्र हक बचपन में एक फकीर से प्रभावित हो गए थे और उनके पीछे-पीछे पूर्वी बंगाल (फिलहाल बांग्लादेश) की तरफ चले गए। वहाँ वे एक गाँव में रहने लगे थे। वहाँ उन्होंने प्रवचन देना सीख लिया, जो आगे राजनीतिक जीवन में उनके काम आया। जमींदार पिता ने उनकी तलाश कराई और फिर से पटना बुलाया और पढ़ाई का सिलसिला शुरू कराया। पटना में कुछ साल हुई पढ़ाई के बाद उन्हें उच्च शिक्षा के लिए लखनऊ भेज दिया गया। मगर वहाँ भी उनका मन नहीं रमा। ढाका के एक नवाब से कुछ पैसे उधार लिए और कानून की पढ़ाई के लिए लन्दन चले गए। इधर घर वाले समझ रहे थे कि वे लखनऊ में पढ़ाई कर रहे हैं।

लन्दन से उन्होंने पिता को चिट्ठी भेजी कि कानून की पढ़ाई पूरी किए बगैर वे लौटने वाले नहीं। थक-हार कर पिता ने कुछ गाँवों की जमींदारी बेची और बेटे को पढ़ाई पूरी करने के लिए पैसे भेजे। वहाँ उनकी मित्रता मोहनदास करमचन्द गांधी, सच्चिदानन्द सिन्हा और अली इमाम जैसे लोगों से हुई जिन लोगों ने आगे चलकर देश के राजनीतिक जीवन को प्रभावित किया। वे देश लौटे तो पटना में वकालत करने लग गए। वकालत जम गई और बाद में मुंसिफ की नौकरी भी लग गई। मगर अपनी आन और शान की वजह से उन्होंने वह नौकरी छोड़ दी। वजह छोटी-सी थी, पटना के कमिश्नर को उनके कुत्ते पसन्द आ गए थे और हक ने उन्हें कह दिया वे किसी को देने के लिए कुत्ते नहीं पालते, इतना शौक है तो खरीदकर कुत्ता पालें। कमिश्नर ने दबाव डालने की कोशिश की, तैश में आकर हक साहब ने नौकरी छोड़ दी, साथ ही पटना भी छोड़ दिया। छपरा जाकर प्रैक्टिस करने लगे।

वहाँ फरीदपुर में जमीन खरीदी, बंगला बनवाया और बगीचा लगाया। वह घर आशियाना के नाम से मशहूर हुआ। 1897 के अकाल में उनके सार्वजनिक जीवन की शुरुआत हुई। उन्होंने राहत कमेटी बनाकर ऐसा जबरदस्त काम किया कि उसकी ख्याति पूरे देश में फैल गई। 1903 में उन्हें सर्वसम्मति से

छपरा नगरपालिका का उपाध्यक्ष चुन लिया गया, वहाँ भी उन्होंने बहुत शानदार काम किया। अब उनका व्यक्तित्व इतना बड़ा हो गया कि छपरा छोटा पड़ने लगा था। लिहाजा एक बार फिर वे पटना आकर बस गए। वकालत भी करते थे और राजनीति भी। आन, बान और शान वैसी की वैसी। दोस्तों के लिए जान हाजिर कर देने वाले दोस्त थे, मगर किसी ने टेढ़ी निगाह दिखाई तो बख्शते नहीं थे। इस दौर में गांधी उनके घर पहुँचे थे।

घर पहुँचे तो हक साहब सिगार लेने ऊपर चले गए। इस पर गांधी नीचे ही बैठ गए और कह दिया कि जब तक आप सिगार पीना नहीं छोड़ेंगे ज़मीन पर से नहीं उठूँगा। कहते हैं गांधी ने इस मुलाकात में उनका सिगार पीना छुड़वा दिया। बहरहाल उस मुलाकात में गांधी ने ज्यादा वक्त नहीं गँवाया। फटाफट मसले पर बातचीत की और तय हुआ कि पटना में रुकने का कोई लाभ नहीं है, मगर चम्पारण जाने से पहले मुजफ्फरपुर में रुकना ठीक रहेगा। हक साहब ने शाम की ट्रेन से उन्हें मुजफ्फरपुर भिजवा दिया। वहाँ आचार्य कृपलानी को तार दे दिया गया कि फलाँ ट्रेन से गांधी रात को पहुँचने वाले हैं।

मुजफ्फरपुर, 11-14 अप्रैल, 1917

मूलत: सिन्ध के निवासी जीवटराम भगवानदास कृपलानी मुजफ्फरपुर के ग्रियर भूमिहार ब्राह्मण कॉलेज में प्राध्यापक थे। वह 1912 से ही इस कॉलेज में थे। इसी कॉलेज का नाम आगे चलकर लंगट सिंह कॉलेज हो गया। 1915 में इस कॉलेज को सरकार से मान्यता मिली थी और जिस समय गांधी वहाँ पहुँचे, उन दिनों वहाँ काम करने वाले शिक्षकों के सरकारी सेवा की पुष्टि की जा रही थी। कृपलानी की सेवा की पुष्टि होने का काम अभी बचा हुआ था। गांधी जब सिन्ध प्रान्त की यात्रा पर गए थे तो उन्होंने कृपलानी के काम के बारे में सुना था, इस वजह से उनके मन में कृपलानी को लेकर प्रशंसा का भाव था।

कहते हैं महापुरुषों का एक सम्पर्क किसी भी व्यक्ति के जीवन को बदल देता है। इस बात का सजीव रूप कृपलानी के जीवन में देखने को मिलता है। गांधी ने सहज मित्रता के भाव से कृपलानी को तार भेजा था कि उनकी वजह से मुजफ्फरपुर में उन्हें सुविधा हो जाएगी। मगर गांधी का स्वागत और महज एक दिन की मेहमानवाजी ने कृपलानी की राह बदल दी। उन पर राजनीतिक

गतिविधि में शामिल होने का इल्जाम लगा और उन्हें नौकरी से हटा दिया गया। महज 29 साल के कृपलानी उसके बाद से गांधी के ही होकर रह गए। पहले चम्पारण गए, फिर अहमदाबाद के आश्रम की जिम्मेदारी संभाली। बड़ी दिलचस्प है यह कथा, मगर उससे भी दिलचस्प है मुजफ्फरपुर में गांधी के स्वागत और चार दिन के प्रवास की कथा।

गांधी का भेजा हुआ तार कृपलानी को रात नौ बजे मिला जब वे क्लब से लौटकर आए। तार मिलते ही वे तैयारियों में जुट गए। पहले ट्रेन का वक्त मालूम किया, फिर उन्हें ठहराने के लिए जगह तलाशने लगे। वे उस वक्त अपने कॉलेज के छात्रावास के वार्डेन थे, उनके पास गांधी को ठहराने के लिए बेहतर कमरे नहीं थे। ऐसे में उन्होंने तय किया कि गांधी को प्रो. मलकानी के घर पर ठहराया जाएगा :

> अपने हॉस्टल के छात्रों को भी उन्होंने सूचना दे दी कि गांधी आने वाले हैं। यह खबर सुनकर छात्र काफी उत्साहित हो गए और उन्होंने रात के वक्त ही परिसर के सारे फूल तोड़ लिए। छात्रों ने विचार रखा कि स्टेशन पर गांधी की आरती उतारी जाए, कृपलानी ने स्वीकृति दे दी। फिर आरती की तैयारी शुरू हो गई। सारा सामान तो मिल गया पर नारियल मिल नहीं रहा था। कैम्पस में एक नारियल पेड़ था, कहते हैं कृपलानी खुद उस पेड़ पर चढ़ गए और नारियल तोड़ लाये। कल्पना की जा सकती है कि कृपलानी और उनके छात्रों के मन में गांधी के स्वागत को लेकर कितना उत्साह रहा होगा!

समय से पहले यह टीम मुजफ्फरपुर रेलवे स्टेशन पहुँच गई। वहाँ एक फिटन (बन्द बोगी वाली बग्घी) खड़ी थी, पूछने पर पता चला कि यह किसी जमींदार की फिटन थी, जो उन्हें स्टेशन छोड़ने आई थी। वे जमींदार कृपलानी के मित्र थे। उन्होंने अनुरोध करके वह फिटन रुकवा ली कि इसी से गांधी को हॉस्टल ले जाया जाएगा।

रात को एक बजे जब गांधी की ट्रेन मुजफ्फरपुर पहुँची तो कृपलानी वहाँ अपने शिष्यों के साथ मौजूद थे। हालाँकि वे लोग गांधी को पहचान नहीं पा रहे थे, मगर भीड़-भाड़ देखकर राजकुमार शुक्ल समझ गए कि कृपलानी वहीं होंगे। उन्होंने उन्हें जाकर बताया कि गांधी उनके साथ हैं। फिर जयमाला और आरती के साथ गांधी का स्वागत किया गया। उन्हें फिटन में बिठाया गया और छात्रों ने घोड़े खोल दिए। घोड़ों के बदले खुद उन्होंने गाड़ी को खींचना शुरू

कर दिया। छात्रों और कृपलानी ने स्नेह के अतिरेक में स्वागत का यह तरीका अपनाया था, मगर गांधी को यह सब पसन्द नहीं आ रहा था।

पहले तो उन्होंने आरती पर ही आपत्ति जता दी, उनका कहना था आरती तो देवताओं की उतारी जाती है। जब फिटन के घोड़े खोलकर छात्र उन्हें खुद खींचने लगे तो वे बिफर पड़े। उन्होंने साफ-साफ कह दिया कि अगर छात्र इस बग्घी को खीचेंगे तो मैं इस पर नहीं चढ़ूँगा। सम्भवत: उनका भाव यह था कि हमलोग मानवीय गरिमा के लिए संघर्ष कर रहे हैं और शोषण की प्रवृत्तियों का विरोध कर रहे हैं, यह तो उसके बिल्कुल प्रतिकूल है।

उनके गुस्से को देखकर छात्र एकबारगी मान गए। बग्घी में घोड़े जोत दिए गए और बग्घी चल पड़ी। मगर थोड़ी देर बाद कृपलानी ने महसूस किया कि घोड़ों के टाप की आवाज नहीं आ रही है। चूँकि फिटन बन्द थी, इसलिए अन्दर पता नहीं चल रहा था कि बाहर क्या हो रहा है। छात्रों ने घोड़े खुलवाकर फिर से फिटन खींचना शुरू कर दिया था, हॉस्टल पहुँचे तो गांधी को भी यह पता चल गया। यह जानकर वे सख्त नाराज हुए और कहने लगे कि मेरे साथ धोखा हुआ है।

गांधी जब मलकानी के घर पहुँचे तो वहाँ का माहौल बिल्कुल अलग था। उस जमाने में एक सरकारी कॉलेज के प्रोफेसर के लिए गांधी जैसे राजनीतिक व्यक्ति को ठहराने का जोखिम उठाना खतरे का काम था। मलकानी थोड़े भयभीत थे, उनके निचले तल्ले पर रहने वाले शिक्षक तो इतने डर गए थे कि वे मकान छोड़कर ही चले गए थे। मलकानी को आश्वस्त कराने के लिए कृपलानी ने कहा कि कल मैं प्राचार्य से कह दूँगा कि गांधी मेरे अतिथि हैं।

अगले दिन जब कॉलेज खुला तो सुबह-सवेरे कृपलानी यह कहने प्राचार्य के पास पहुँच गए। सुनते ही प्राचार्य भड़क उठे, कहने लगे, आपका अतिथि वही दक्षिण अफ्रीका का बदमाश गांधी है क्या? कृपलानी ने बदमाश सम्बोधन पर ऐतराज जताते हुए कहा कि यह कहना ठीक नहीं है। उन्होंने तो साम्राज्य की मदद भी की है और इसके लिए उन्हें कैसर-ए-हिंद की उपाधि मिली हुई है। मगर प्राचार्य उनके तर्क से सहमत नहीं हुए, साफ-साफ कह दिया कि आप जल्द से जल्द उनके लिए कॉलेज से बाहर कोई व्यवस्था करा दें।

बहरहाल गांधी के ठहरने की व्यवस्था बाहर तो हो गई मगर कृपलानी को इन सब का खमियाजा भुगतना पड़ा। इस घटना के तत्काल बाद उनकी सेवा

समाप्त कर दी गई। जिस दिन उन्हें सेवा-समाप्ति का पत्र मिला उसी दिन उन्होंने गांधी को पत्र लिखकर पूछा कि क्या चम्पारण में मेरी सेवाओं की आवश्यकता है? गांधी ने तत्काल इस पत्र का जवाब भेजा :

मोतिहारी
17 अप्रैल, 1917

मेरे प्रिय मित्र,

मैंने तुम्हारे स्नेह को तुम्हारी आँखों में, तुम्हारी अभिव्यक्तियों में, तुम्हारे हाव-भाव में पढ़ा है। क्या मैं इतने गहन स्नेह के लायक हूँ। हाँ, यह मुझे पता चला है कि तुम मेरी मदद करना चाहते हो। तुम्हारी अपनी मरजी है। चाहो तो अहमदाबाद चले जाओ और वहाँ प्रयोगात्मक विद्यालय में काम करो अथवा आ जाओ और यहाँ काम करो, बन्दी बनाए जाने का जोखिम उठाकर भी। यदि मुझे बन्दी बना लिया गया तो इन बातों का ध्यान रखना। यह देखकर कि तुम यहाँ हो, यदि तुम मुझसे अपना कर्तव्य निर्धारित कराना चाहते हो तो तुम्हारा स्वाभाविक कार्य यह होगा कि जब तक किसानों को मनुष्य की भांति साँस लेने की आजादी नहीं मिल जाती, तब तक तुम यहाँ से नहीं जाओगे। मेरे लिए अब चम्पारण ही मेरी जन्मस्थली है। रोजाना की पड़ताल से मेरी यह राय दृढ़ हो रही है कि परिस्थितियाँ कई मामलों में फीजी से भी बदतर हैं।

तुम्हारा शुभेच्छु
एमके गांधी

फिर कृपलानी चम्पारण गए। पहले उन्होंने द्वारपाल का काम सँभाला, अवांछित लोगों को गांधी से मिलने से रोकने की जिम्मेदारी ली। कस्तूरबा जब पहुँचीं तो उन्होंने सामूहिक भोजनालय में उनकी मदद की। उस वक्त कृपलानी की छवि एक उग्र राजनेता की थी। कई लोगों ने गांधी को सचेत भी किया कि वे कृपलानी को साथ नहीं रखें। गांधी जानते थे कि कृपलानी तिलक के समर्थक हैं और थोड़े उग्र हैं, मगर उन्होंने कभी कृपलानी के प्रति अपना स्नेह कम नहीं किया। गांधी उनके बारे में हमेशा यही कहते रहे कि ये बिहारियों से बढ़कर बिहारी हैं। चम्पारण के बाद वे गुजरात विद्यापीठ में कई सालों तक प्राचार्य रहे। स्वाधीनता आन्दोलन में तो सक्रिय रहे ही। नेहरू और पटेल से मतभेद की वजह से 1951 में कांग्रेस से इस्तीफा दे दिया। वे 1977 तक

राजनीतिक रूप से सक्रिय रहे और जनता सरकार के गठन में महत्त्वपूर्ण भूमिका निभाई।

यह तो हुई कृपलानी के जीवन पर गांधी के प्रभाव की बात। अब गांधी के मुजफ्फरपुर प्रवास की बातें। इस यात्रा के दौरान गांधी चार दिनों तक मुजफ्फरपुर में ठहरे थे। इन चार दिनों का ऐतिहासिक महत्त्व है। यहीं स्थानीय वकीलों के साथ मिलकर उन्होंने रणनीति बनाई कि चम्पारण में उन्हें क्या करना है। स्थानीय ब्रिटिश अधिकारियों के बर्ताव ने उन्हें यह सोचने पर मजबूर कर दिया कि अगर उन्हें यहाँ दो साल भी रहना पड़ा तो रहेंगे मगर इस मामले को अंजाम तक पहुँचाकर ही दम लेंगे। यहीं उन्होंने चम्पारण की लड़ाई के लिए अपनी टीम बनाई। जिस टीम ने न सिर्फ चम्पारण में बल्कि ताउम्र उनका साथ निभाया।

अगले दिन सवेरे की बात महात्मा गांधी अपनी आत्मकथा में लिखते हैं :

> सवेरे वकीलों का एक छोटा दल मेरे पास आया। उनमें रामनवमी प्रसाद मुझे याद रह गए हैं। उन्होंने अपने आग्रह से मेरा ध्यान आकृष्ट किया था। उन्होंने कहा कि आप जो काम करने आए हैं, वह इस जगह से नहीं होगा। आपको तो हम जैसों के यहाँ ठहरना चाहिए। गया बाबू यहाँ के प्रसिद्ध वकील हैं। उनकी तरफ से मैं आग्रह करता हूँ कि आप उनके घर ठहरिए। हम सब सरकार से डरते जरूर हैं। लेकिन हमसे जितनी बनेगी उतनी मदद हम आपकी करेंगे। राजकुमार शुक्ल की बहुत सी बातें सच हैं। दुःख इस बात का है कि आज हमारे नेता यहाँ नहीं हैं। बाबू ब्रजकिशोर प्रसाद और राजेन्द्र प्रसाद को मैंने तार किया है। दोनों तुरन्त आ जाएँगे और आपको पूरी जानकारी व मदद दे सकेंगे। मेहरबानी करके आप गया बाबू के यहाँ चलिए।

आगे वे लिखते हैं :

> मैं गया बाबू के घर गया। उन्होंने और उनके परिवारवालों ने मुझे अपने प्रेम से सराबोर कर दिया। ब्रजकिशोर बाबू दरभंगा से आए। राजेन्द्र बाबू पुरी से आए। यहाँ जिन्हें देखा वे लखनऊ वाले ब्रजकिशोर प्रसाद नहीं थे। उनमें बिहारवासी की नम्रता, सादगी, भलमनसी, असाधारण श्रद्धा देखकर मुझे सानन्द आश्चर्य हुआ।

इस बीच 11 अप्रैल को गांधी की मुलाकात बिहार प्लांटर्स एसोसिएशन के मंत्री जेएम विल्सन से हुई। उन्होंने उनसे अपने आने का कारण बतलाते हुए

कहा, 'चम्पारण में कोठी वालों और रैयतों के बीच जो अनबन है, मैं उसकी जाँच करना चाहता हूँ और इस जाँच में आपसे सहायता चाहता हूँ। विल्सन ने चतुराई भरा जवाब दिया। कहा, मुझसे जहाँ तक व्यक्तिगत मदद हो सकेगी, मैं जरूर करूँगा। मगर एसोसिएशन की तरफ से किसी बात का भार नहीं ले सकूँगा।

12 तारीख को गांधी मलकानी जी के आवास से वकील बाबू गयाप्रसाद सिंह के मकान पर रहने चले गए। फिर दिन के वक्त पत्र लिखकर तिरहुत डिवीजन के कमिश्नर मि. एलएफ मोरशेड से मिलने का समय माँगा। पत्र में उन्होंने लिखा :

> मैंने नील की खेती करने वाले हिन्दुस्तानियों के विषय में बहुत सी बातें सुनी हैं। मैं यहाँ उनके असली हालात का पता लगाने आया हूँ, मुझसे जहाँ तक मुमकिन होगा, मैं समझने की कोशिश करूँगा। अगर मुमकिन हो तो यह काम मैं स्थानीय सरकारी कर्मचारियों की जानकारी में और उनके सहयोग से करना चाहूँगा। मैं आपसे मिलना चाहता हूँ, ताकि जाँच के विषय में अपने विचार आपके सामने प्रस्तुत कर सकूँ और यह जान सकूँ कि इस जाँच में मुझे सरकारी कर्मचारियों से कोई सहायता मिल सकती है या नहीं।

इन दोनों पत्रों से गांधी जी के काम करने का तरीका पता चलता है। वे कभी पूर्वाग्रह से ग्रसित नहीं होते थे और सरकारी पक्ष को हमेशा एक अवसर देते थे कि वह न्याय का साथ दे, जो उसका काम है। उससे अपेक्षित सहयोग नहीं मिलने पर वे दूसरे तरीके से दबाव डालते थे और उसे न्याय के पथ पर चलने के लिए विवश करते थे। 12 अप्रैल को बिहार प्लांटर्स एसोसिएशन के मंत्री विल्सन ने गांधी को पत्र लिखकर कहा :

> कल आपसे हुई मुलाकात के आधार पर मैं आपको मुजफ्फरपुर जिले का सर्वे और सेटलमेंट रिपोर्ट भेज रहा हूँ। इसके इंडिगो वाले चैप्टर में आपको वे तमाम जानकारियाँ मिल जाएँगी जो आप चाहते हैं। दुर्भाग्यवश इस वक्त चम्पारण वाली रिपोर्ट मेरे पास उपलब्ध नहीं है।
>
> और जहाँ तक आपकी जाँच वाली योजना का सवाल है, मैं आपको यही सलाह दूँगा कि यह इस वक्त अनावश्यक होगा। यह उन उपद्रवियों को प्रोत्साहित कर देगा जो ऐसे ही मौकों की तलाश में रहते हैं। और इसके अलावा युद्ध के समय में हमें ऐसी गतिविधियों से बचना भी चाहिए, जो लोगों को अनियन्त्रित कर सकती हैं।

विल्सन ने इस पत्र की प्रति के साथ एक पत्र तिरहुत कमिश्नर मोरशेड को भी भेजा, जिसमें लिखा था :

> दक्षिण अफ्रीका की गड़बड़ियों से मशहूर हुए गांधी कल मेरे पास आए थे, उन्होंने चम्पारण में जाँच की इच्छा जाहिर की थी। मैंने उन्हें युद्ध के समय में इस तरह की गतिविधियों से दूर रहने की सलाह दी है। वे शायद आपसे भी मिलेंगे, इसलिए यह जानकारी मैंने आपको भेजना उचित समझा।

उसी दिन मोरशेड ने पत्र लिखकर गांधी से कहा कि आप 13 अप्रैल को सुबह नौ बजे मुझसे मिल सकते हैं। 12 की शाम ब्रजकिशोर बाबू भी वहाँ पहुँच गए। जहाँ विल्सन ने गांधी से डिप्लोमेटिक अन्दाज में बातचीत की, मोरशेड का अन्दाज बहुत रूखा और तानाशाही भरा था।

डॉ. राजेन्द्र प्रसाद लिखते हैं :

> मोरशेड से मुलाकात के वक्त मुजफ्फरपुर के डीएम वाटसन भी मौजूद थे। मोरशेड ने गांधी जी के बिहार आने पर असन्तोष व्यक्त किया और पूछा कि आपको यहाँ किसने बुलाया है। सरकार की ओर से जाँच हो रही है, ऐसे में आपका यहाँ आना अनावश्यक है। हम आपको कोई सहायता नहीं दे सकते, हम यही सलाह देंगे की आप यहाँ से तत्काल लौट जाईए।
>
> इस पर महात्मा जी ने कहा कि यहाँ की प्रजा के भेजे हुए पत्र मुझे कई दिनों से मिल रहे थे। पर मैं उन्हें यहाँ पेश नहीं कर सकता। गत कांग्रेस अधिवेशन के अवसर पर यहाँ के प्रतिनिधियों ने मुझसे नील विषयक प्रस्ताव पेश करने के लिए कहा था, मगर मैंने उन्हें यह कहते हुए इनकार कर दिया कि जब तक मैं खुद परिस्थितियों को अपनी आँखों से देख न लूँ, ऐसा नहीं कर सकता। इस पर उन लोगों ने मुझे यहाँ आने को कहा, तभी मैं यहाँ आया हूँ।

13 तारीख की इस मीटिंग के बारे में मोरशेड ने रिपोर्ट तैयार की थी। उस रिपोर्ट में उन्होंने जिक्र किया है कि उन्होंने गांधी से कहा था कि यह मामला 1860 से ही चल रहा है। सरकारी कर्मचारी कई तरह से इस मामले की जाँच कर रहे हैं। ऐसे में बीच में किसी अपरिचित व्यक्ति को जाँच की इजाज़त देना उनके लिए शर्मिन्दगी की वजह बन सकता है।

बहरहाल इस बैठक के बाद गांधी जी ने सबसे जरूरी काम कुछ लोगों से पत्र लिखवाकर कमिश्नर मोरशेड को भेजना समझा। मुजफ्फरपुर के एक ख्यातिप्राप्त वकील अरिक्षण सिंह से कांग्रेस में इस प्रसंग में हुई चर्चा का

विवरण पत्र के रूप में भिजवाया और ब्रजकिशोर प्रसाद, रामनवमी प्रसाद, गया प्रसाद सिंह और रामदयालु सिन्हा ने पत्र लिखकर पुष्टि की कि गांधी ने कमिश्नर मोरशेड से जो कुछ कहा वह सच है।

मगर इन पत्रों का मोरशेड पर कोई असर नहीं पड़ा। उसने तत्काल चम्पारण के डीएम को पत्र लिखकर आगाह कर दिया कि गांधी अगर वहाँ जाएँ तो उन पर धारा 144 लगाकर उन्हें रोका जाए, उन्हें वापस भेज दिया जाए। क्योंकि वे कहते तो जाँच की बात हैं, मगर उनका इरादा आन्दोलन करने का लगता है। मुझे लगता है कि मुझे बताये बगैर वे वहाँ जा सकते हैं।

ये सब कार्रवाइयाँ चलती रहीं पर इस बीच गांधी जी को समझ आ गया कि नील का मसला कुछ गम्भीर है। इस बीच वकीलों की बैठक में वे नील से सम्बन्धित मुकदमे देखते रहे। अपनी आत्मकथा में वे मुजफ्फरपुर की वकील मंडली को सम्बोधित करते हुए कहते हैं :

> ''इन मुकदमों को पढ़ जाने के बाद मेरी राय तो यह बनी है कि अब हमें मुकदमे लड़ना ही बन्द कर देना चाहिए। ऐसे मुकदमों से लाभ बहुत कम होता है। जहाँ रैयत इतनी कुचली गई है, जहाँ सब लोग इतने भयभीत रहते हैं, वहाँ कचहरियों की मारफत थोड़ा ही इलाज हो सकता है। लोगों के लिए सच्ची दवा तो उनके डर को भगाना है। जब तक यह तिनकठिया प्रथा रद्द न हो, तब तक हम चैन से बैठ ही नहीं सकते।
>
> मैं तो दो दिन में जितना देखा जा सके, उतना देखने आया हूँ। लेकिन अब देख रहा हूँ कि यह काम तो दो वर्ष भी ले सकता है। इतना समय भी लगे तो मैं देने को तैयार हूँ। मुझे यह तो सूझ रहा है कि इस काम के लिए क्या करना चाहिए। लेकिन इसमें आपकी मदद जरूरी है।''

ब्रजकिशोर बाबू ने मदद के लिए हामी भर दी और पूछा कि उन्हें किस तरह की मदद चाहिए। गांधी ने जवाब दिया :

> 'मुझे आपकी वकालत की शक्ति का कम ही उपयोग करना होगा। आपके समान लोगों से तो मैं लेखक और दुभाषिये का काम लेना चाहूँगा। मैं देखता हूँ कि इसमें जेल भी जाना पड़ सकता है। मैं चाहूँगा कि आप लोग यह जोखिम उठाएँ। पर आप उसे उठाना न चाहें तो भले न उठाएँ। वकालत छोड़कर लेखक बनने और अपने धन्धे को अनिश्चित अवधि के लिए बन्द

> करने की माँग करके मैं आप लोगों से कुछ कम नहीं माँग रहा हूँ। यहाँ की हिन्दी बोली समझने में मुझे कठिनाई होती है। कागज पत्र सब कैथी में या उर्दू में लिखे होते हैं, जिन्हें मैं नहीं पढ़ सकता। इनके तरजुमे की मैं आपसे आशा रखता हूँ। यह काम पैसे देकर कराना हमारे बस का नहीं। यह सब सेवा भाव से और बिना पैसे के होना चाहिए।'

इस तरह गांधी ने टीम बनाने का काम शुरू कर दिया। उन्होंने तय कर लिया था कि अब चाहे दो साल क्यों न लगे, तिनकठिया प्रथा को खत्म करके ही जाना है। इस बीच उन्हें मोरशेड के तेवर देखकर यह भी आशंका हो रही थी कि उन्हें कहीं मुजफ्फरपुर में ही गिरफ्तार न कर लिया जाए। इसलिए उन्होंने तय कर लिया कि हर हाल में वे 15 अप्रैल को चम्पारण चले जाएँगे। अब अगर गिरफ्तारी होनी हो तो चम्पारण में ही हो।

राजेन्द्र बाबू अपनी किताब में लिखते हैं :

> 14-4-17 को महात्मा जी ने निश्चय किया कि कल 15-4-17 (रविवार) को दोपहर की गाड़ी से चम्पारण जाना चाहिए और जो लोग वहाँ थे, उनसे कहा कि मुझे एक ऐसा आदमी चाहिए, जो मेरे साथ दुभाषिये का काम कर सके, क्योंकि मैं यहाँ के लोगों की बोली नहीं समझ सकता। उस समय इतना ही तय हुआ कि इसका प्रबन्ध किया जाएगा। उस दिन सन्ध्या समय महात्मा जी निकट के एक ग्राम में गए और वहाँ के लोगों की दशा देखी। किसी किसी गरीब के झोपड़े में भी जाकर उन्होंने उनके रहन-सहन का हाल निज आँखों से देखा और छोटे-छोटे बालकों और स्त्रियों से बातें कीं। चलते समय उन्होंने कहा कि जब इन लोगों की दशा सुधरेगी, तभी भारतवर्ष को स्वराज हासिल होगा।
>
> आज ही की सन्ध्या की गाड़ी से बाबू ब्रजकिशोर प्रसाद, बाबू धरणीधर वकील के साथ दरभंगा से पहुँच गए और यह निश्चय हुआ कि बाबू धरणीधर और बाबू रामनवमी प्रसाद महात्माजी के साथ चम्पारण जाएँगे। उस दिन महात्मा जी ने जो बातें कहीं उनसे लोगों का साहस और उत्साह और बढ़ गया। उन्होंने दक्षिण अफ्रीका का किस्सा सुनाते हुए कहा कि वहाँ एक आदमी के जेल जाने पर दूसरा उसकी जिम्मेदारी सँभाल लेता था और दूसरे को गिरफ्तार करने पर तीसरा सामने आ जाता था। मैं चाहता हूँ यहाँ भी इसी तरह काम हो। ये लोग मेरे साथ बुरा बर्ताव करेंगे, कभी भी मेरी गिरफ्तारी का वारंट आ सकता है। इसलिए चाहता हूँ, जितनी जल्द हो

> चम्पारण चला जाऊँ। मेरे खिलाफ जो कार्रवाइयाँ हों, वह चम्पारण की धरती पर हो, वहाँ की रैयत के सामने हो।

अगले दिन बाबू ब्रजकिशोर प्रसाद किसी जरूरी काम से कलकत्ता के लिए रवाना हो गए। गांधी जी, रामनवमी प्रसाद, धरणीधर बाबू और मोतिहारी के वकील-पत्रकार गोरख बाबू के साथ दोपहर की गाड़ी से मोतिहारी रवाना हो गए। मुजफ्फरपुर रेलवे स्टेशन पर उन्हें छोड़ने भारी भीड़ उमड़ी थी।

चम्पारण, 15-20 अप्रैल, 1917

आख़िरकार वह दिन आ गया जब गांधी ने चम्पारण की जमीन पर कदम रखा। 15 अप्रैल, 1917 की वह तारीख थी। ट्रेन से मुजफ्फरपुर से निकल चुके गांधी का स्वागत हर स्टेशन पर रैयत कर रहे थे। दोपहर के तीन बजे वे मोतिहारी स्टेशन पहुँचे। वहाँ से वे सीधे गोरख प्रसाद वकील के घर चले गए। इधर राजकुमार शुक्ल को यह खबर नहीं थी कि जिस गांधी को चम्पारण लाने के लिए वे दो साल से बेताब थे, वे चम्पारण पधार चुके हैं। दरअसल, 12 तारीख को वे गांधी के स्वागत की तैयारियों के लिए मुजफ्फरपुर से चम्पारण की तरफ निकल चुके थे। मगर इस बीच वे भीषण दस्त का शिकार हो गए। जब उनकी तबीयत ठीक हुई तो वे मुजफ्फरपुर की तरफ भागे। मगर जिस तारीख को ट्रेन से वे मुजफ्फरपुर जा रहे थे, गांधी चम्पारण आ रहे थे।

लिहाजा शुक्ल की योजना के मुताबिक चम्पारण की धरती पर गांधी का स्वागत नहीं हो पाया। शाम के वक्त जब वे मुजफ्फरपुर में गया बाबू वकील के घर पहुँचे तो उन्हें इस बात की सूचना मिली। वे तत्काल बिना समय गँवाए मोतिहारी लौट आए। रात के वक्त पहुँचे और रात एक दुकान में गुजारी। सवेरे-सवेरे वे गांधी से मिलने गोरख बाबू के घर पहुँच गए।

16 अप्रैल, 1917

16 अप्रैल का कार्यक्रम जसौलीपट्टी गाँव जाने का था। यह लोमराज सिंह का गाँव था, जिसकी कथा हम पहले पढ़ चुके हैं। शरहबेशी समझौता नहीं करने की वजह से कोठी वाले और स्थानीय प्रशासन के लोग उन्हें प्रताड़ित कर रहे

थे। उन पर एक लड़की की हत्या का आरोप लगा रहे थे और कुर्की जब्ती के बहाने उनके घर की औरतों के साथ अभद्र व्यवहार किया गया था। जब गांधी पटना में थे, तभी लोमराज सिंह ने वहाँ पहुँचकर उनसे बातचीत की थी और कहा था कि वे उनके मामले को अपने हाथ में लें, अन्यथा वे ख़ुदकुशी कर लेंगे। लिहाजा जसौलीपट्टी जाना गांधी की प्राथमिकता में था।

सवेरे-सवेरे हाथी मँगवाया गया। तब यही सवारी माकूल मानी जाती थी। 10.30 बजे हाथी पर सवार होकर गांधी, धरणीधर प्रसाद और रामनवमी प्रसाद जसौलीपट्टी गाँव के रास्ते निकल पड़े। वे लोग 14-15 किलोमीटर चले होंगे कि रास्ते में चन्द्रहिया गाँव मिला। गांधी जी ने वहाँ लोगों से बात करने की इच्छा व्यक्त की तो सवारी रुक गई। गाँव जाने पर पता चला कि यह इलाका मोतिहारी कोठी के अन्तर्गत आता है। इस गाँव के ज्यादातर लोग मजदूर हैं और कोठी वालों के खेत में मजदूरी करने चले गए हैं। हालाँकि एक आदमी जरूर उन्हें मिल गया। उसने बताया कि हमारी कोठी के मालिक का दबदबा कुछ ऐसा है कि कलक्टर भी उनके सामने मुँह खोलने की हिम्मत नहीं करता। वे लोग उससे बातें कर ही रहे थे कि अयोध्या प्रसाद तिवारी नामक दरोगा साइकिल से वहाँ पहुँचा। उसने गांधी जी से कहा कि डिस्ट्रिक्ट मैजिस्ट्रेट साहब ने उन्हें याद किया है। गांधी जी ने उसके साथ चलने पर सहमति दे दी और कहा कि आप सवारी का इन्तजाम करें।

दारोगा सवारी के इंतजाम के लिए निकला तो गांधी जी ने धरणीधर बाबू और रामनवमी बाबू से कहा, मैं जानता था कि ऐसा हो सकता है। खैर, कोई बात नहीं। मैं इनके साथ जाता हूँ और आप दोनों जसौलीपट्टी जाइए। कार्यक्रम को रद्द मत कीजिए। दारोगा साहब को कहीं से एक बैलगाड़ी मिली और वे उसे लेकर आ गए, गांधी को उस पर बिठाया और चल पड़े। कुछ दूर गए होंगे तो इक्का मिल गया। इक्का देखकर दारोगा जी ने बैलगाड़ी वापस कर दी और गांधी को इक्के पर बिठा लिया। कुछ ही दूर वे गए होंगे कि उन्हें एक टमटम आता हुआ नजर आया। टमटम पर डिप्टी सुपरिंटेंडेंट बैठे थे, वे गांधी को ही लेने आए थे। दारोगा ने गांधी को उनके सुपुर्द कर दिया। रास्ते में कुछ देर बाद उस अफसर ने गांधी को चम्पारण के डिस्ट्रिक्ट मैजिस्ट्रेट का पत्र दिखाया। उस पत्र में लिखा था, तिरहुत डिवीजन के कमिश्नर ने आपके बारे में एक पत्र भेजा है, जो इस नोटिस के साथ संलग्न है। उन्होंने

कहा है कि आपके यहाँ होने से चम्पारण की शान्ति-व्यवस्था को खतरा है, जान की हानि की भी आशंका है। उन्होंने मुझे आपको चम्पारण से बाहर भेज देने का सुझाव दिया है। इसलिए आप पर धारा 144 लगाई जा रही है। आप यहाँ से पहली गाड़ी पकड़कर चम्पारण छोड़ दें।

मोरशेड का पत्र वही था, जो उन्होंने गांधी से मुलाकात के तत्काल बाद मोतिहारी के डिस्ट्रिक्ट मैजिस्ट्रेट को भेजा था। जिसमें उन्होंने लिखा था कि गांधी कहते तो हैं कि वे सत्य का पता लगाने आए हैं, मगर मुझे उनकी बातचीत से आभास होता है कि वे दरअसल आन्दोलन करने के इरादे से आए हैं। मेरी सलाह यह है कि अगर वे वहाँ पहुँचें, उन्हें तत्काल चम्पारण छोड़कर चले जाने का आदेश दिया जाना चाहिए।

गांधी ने उस पत्र को शान्त भाव से पढ़ा और पत्रवाहक डिप्टी सुपरिंटेंडेंट से कहा कि मैं थोड़ा समय चाहता हूँ और इस पत्र का जवाब भिजवाता हूँ। सम्भवत: इसके बाद दोनों मोतिहारी पहुँचे। गांधी को गोरख बाबू के घर छोड़ दिया गया, जहाँ उन्होंने इस पत्र का जवाब लिखा :

श्रीमान,

आपके द्वारा मुझे भेजे गए सीआरपीसी की धारा 144 के नोटिस के सम्बन्ध में मुझे यही कहना है कि मुझे इस बात का दु:ख है कि आपको ऐसा करना पड़ा। मुझे इस बात का भी अफसोस है कि इस डिवीजन के कमिश्नर ने मेरी स्थिति को गलत समझा। अपनी सार्वजनिक जिम्मेदारियों की वजह से मैं यह कहने के लिए मजबूर हूँ कि मैं इस जिले को छोड़ नहीं सकता। लेकिन अगर प्रशासन को इस बात से सन्तुष्टि मिले तो मैं जरूर इस अवज्ञा का दंड भुगतने के लिए तैयार हूँ।

मैं कमिश्नर के इस सुझाव का कड़ा प्रतिवाद करता हूँ कि मेरा लक्ष्य आन्दोलन मचाना है। मेरी इच्छा विशुद्ध रूप से इस विवाद की असली वजहों को पता लगाना है। और जब तक मैं आजाद रहूँगा, इस इच्छा की पूर्ति के लिए प्रयासरत रहूँगा।

मुझे इसका गौरव है,
श्रीमान
आपका सबसे आज्ञाकारी सेवक
एमके गांधी

मूलत: अंगरेजी में लिखे इस पत्र का अनुवाद करते हुए दो जगहों पर यह लेखक अटक जाता है। पहला शब्द है 'डिसओबेडिएंस', जिसका अनुवाद 'अवज्ञा' है। दूसरा प्रसंग पत्र के आखिर में वर्णित पंक्तियाँ हैं कि मेरी इच्छा असली वजहों यानी सत्य का पता लगाना है और मैं जब तक आजाद रहूँगा, इस इच्छा की पूर्ति के लिए प्रयासरत रहूँगा। क्या इस सरकारी पत्र में गांधी ने पहली दफा डिसओबेडिएंस या अवज्ञा शब्द का इस्तेमाल किया है, जो आगे चलकर सविनय अवज्ञा का आधार बना? मुझे तो इस बात की जाँच करने का अवसर नहीं मिला, मगर गांधी जी अपनी आत्मकथा में खुद लिखते हैं कि इस दौरान उन्हें अहिंसा देवी का साक्षात्कार हुआ और सत्याग्रह की शुरुआत हुई। उस हिसाब से देखें तो यही वह क्षण था, जब उन्होंने भारत की धरती पर पहली दफा ब्रिटिश सरकार से कहा कि मैं आपके आदेश को मानने से इनकार करता हूँ, आप चाहें तो इस अवज्ञा के लिए मुझे दंडित कर सकते हैं। कानून तोड़ना और उसके बदले में चुपचाप दंड कबूलना, बाद के दिनों में गांधी के आन्दोलनों का सबसे बड़ा हथियार बना।

जब इस पत्र को लिखे जाने की परिस्थितियों पर मैं गौर करता हूँ, तो शरीर में झुरझुरी होने लगती है। एक अनजानी दुनिया में एक बिल्कुल नया आदमी अपने आगमन के दूसरे ही दिन इस तरह की परिस्थितियों का सामना कर रहा है। जब उसे चम्पारण छोड़ने का नोटिस दिया गया तो वह बिल्कुल अकेला था और उसके सामने शत्रु पक्ष का एक अधिकारी था। उसे यह मालूम नहीं था कि अगर उसे जेल हो जाती है, तो कितने लोग उसके समर्थन में यहाँ खड़े होंगे, यहाँ का स्थानीय प्रशासन उसके साथ कैसा बर्ताव करेगा। इसके बावजूद वह अदम्य साहस का प्रदर्शन करते हुए पूरी विनम्रता से कहता है—मैं आपके आदेश की अवज्ञा कर रहा हूँ, आप चाहें तो मुझे दंडित कर सकते हैं। यही वह क्षण था, जब चम्पारण सत्याग्रह की शुरुआत हो चुकी थी। दो दिन बाद मोतिहारी की कचहरी में जो कुछ घटा वह इसी की परिणति था।

इस पत्र को चम्पारण के डिस्ट्रिक्ट मैजिस्ट्रेट को भेज देने के बाद गांधी काफी व्यस्त हो गए। उन्होंने कई पत्र और टेलीग्राम लिखे, उसकी नकलें तैयार कीं। नियमावली बनाई कि उनके जेल जाने के बाद उनके साथी क्या करेंगे। वह लगभग पूरी रात तैयारियों में व्यस्त रहे। डॉ. राजेन्द्र प्रसाद ने एक

आलेख में उस रात का बड़ा जीवन्त वर्णन किया है। हालाँकि वे उस रात वहाँ नहीं थे, सम्भवत: उन्होंने वहाँ के लोगों से हुई बातचीत के आधार पर यह लिखा है। मगर इस तरह लिखा है, जैसे उनकी आँखों के सामने यह सब घट रहा हो। वे लिखते हैं :

> गांधी जी ने उस रात काफी परिश्रम किया। पहले तो उन्होंने अपने सभी मित्रों और सहकर्मियों को तार द्वारा मुकदमे की खबर दी। मेरे नाम से भी एक तार पटना भेजा, जिसमें लिखा था कि मैजिस्ट्रेट ने मुझे चम्पारण छोड़कर चले जाने की आज्ञा दी है। मैंने उसकी अवहेलना की है और मुकदमा होने वाला है। जिसका इन्तजार कर रहा हूँ। एक तार उन्होंने अपने दक्षिण अफ्रीका के प्रवास के दौरान मित्र बने मि. पोलक के नाम से भेजा।
>
> उन दिनों लॉर्ड चेम्सफोर्ड वायसराय थे। गांधी जी से प्रवासी हिन्दुस्तानियों के प्रश्न पर उनकी अच्छी बातचीत थी। महात्मा जी ने उनके नाम एक पत्र भेजा, जिसमें सारी घटना का विस्तार से उल्लेख किया। साथ ही ब्रिटिश गवर्नमेंट से अपना पुराना सम्बन्ध भी बतलाया और अन्त में लिखा कि उनकी सरकार ने उन्हें कैसर-ए-हिन्द पदक दिया है। अब जब सरकार का उनमें विश्वास नहीं रहा और यह सार्वजनिक काम भी उन्हें नहीं करने दिया जा रहा है, तो उनके लिए इस पदक को रखना ठीक नहीं है। उन्होंने लिखा कि जिनके पास फिलहाल यह पदक है, वे उन्हें सूचना भिजवा रहे हैं कि यह पदक वे आपके पास भिजवा दें।

टेलीग्राम के अलावा उन्होंने कई मित्रों को पत्र भी लिखा, जिसमें उस वक्त तक का पूरा वृत्तान्त प्रस्तुत किया। इसके अलावा मुकदमे की पेशी के लिए भी अपना बयान तैयार किया। इतने तारों, चिट्ठियों और बयान को न सिर्फ लिखा गया बल्कि उनकी नकलें भी तैयार की गईं।

आधी रात के बाद रामनवमी बाबू और धरणीधर बाबू जसौलपट्टी से लौटे तो गांधी ने पहले उनसे वहाँ का हाल सुना, फिर यहाँ की घटनाएँ बता दीं। उन्होंने उनसे सवाल किया कि मुकदमे के दौरान उन्हें जेल जाना पड़ सकता है, ऐसे में वे लोग क्या करेंगे। धरणीधर बाबू खरी बात करने वाले आदमी थे। उन्होंने कह दिया कि हम तो दुभाषिये बनकर आपकी मदद करने यहाँ आए थे, अब जब आप ही नहीं रहेंगे तो हम यहाँ रहकर क्या करेंगे। उनकी बात गांधी के लिए झटके की तरह थी। हालाँकि रामनवमी बाबू ने बात

को सँभालते हुए कहा कि आपके जाने के बाद कुछ दिन तक हम आपका काम करेंगे। अगर हमें भी शहर छोड़कर जाने को कह दिया गया तो हम चले जाएँगे। वहाँ से किसी और मित्र को भेज देंगे, जो इस काम को आगे बढ़ाये। इस बात पर गांधी जी खुश तो हुए मगर सन्तुष्ट नहीं हुए।

17 अप्रैल, 1917

गांधी, धरणीधर बाबू और रामनवमी बाबू की 16 अप्रैल की पूरी रात इसी उधेड़बुन में गुजरी। ऐसा लग रहा था कि अगले दिन काफी कुछ होने वाला है। उन्हें ऐसा लग रहा था कहीं सुबह-सुबह सम्मन न आ जाए। गिरफ्तार करने पुलिस वाले न आ जाएँ। हालाँकि ऐसा कुछ नहीं हुआ। वे लोग तैयार होकर जब बाहर आए तो सामने का कैम्पस रैयतों से भरा हुआ था। 17 अप्रैल से रैयतों के बयान दर्ज किए जाएँगे यह बात पहले से ही तय थी, इसलिए इसमें विस्मय की कोई बात नहीं थी। मगर भीड़ अपेक्षा से काफी अधिक थी और इसकी वजह यह थी कि हर जगह यह खबर पहुँच गई थी कि गांधी जी को चम्पारण छोड़कर चले जाने का नोटिस दे दिया गया है।

लोगों को देखकर गांधी जी खुश हो गए और सबकुछ भूलकर बयान दर्ज करवाना शुरू कर दिया। लोगों की भीड़ देखकर कुछ पुलिस वाले भी वहाँ पहुँच गए। पहले तो वे चुपचाप बयान देने वालों का नाम नोट कर रहे थे, बाद में उन्होंने खुलकर लोगों का नाम पूछना शुरू कर दिया। गांधी जी ने उन्हें उनका काम करने दिया, कोई आपत्ति नहीं की। हाँ, दिन भर लोग बिना कुछ कहे इस बात का इन्तजार कर रहे थे कि कभी भी कोई समन आ सकता है या गांधी जी को गिरफ्तार करने पुलिस आ सकती है। मगर शाम तक न समन आया, न गिरफ्तार करने के लिए पुलिस आई। ऐसे में गांधी जी ने शाम को खुद डिस्ट्रिक्ट मैजिस्ट्रेट के पास एक पत्र भिजवा दिया।

उस पत्र में लिखा था कि मैं आपको सूचित किए बगैर कोई काम नहीं करना चाहता, इसलिए सूचना दे रहा हूँ कि कल हमें शामपुर और आसपास के गाँवों का दौरा करना है। यह जानकारी तो आपके सूचनार्थ है ही। हाँ, आपलोग चाहें तो हमारे साथ अपनी पुलिस को भेज सकते हैं। जैसा कि आज भी आप लोगों ने किया है।

सुबह से सोया चम्पारण का प्रशासन गांधी के इस पत्र से अचानक जाग गया। तत्काल इस पत्र का जवाब भेजा गया। डिस्ट्रिक्ट मैजिस्ट्रेट द्वारा भेजे गए पत्र में लिखा गया था :

> कृपया आप अभी मोतिहारी छोड़कर बाहर न जाएँ। कल दिनांक 18 अप्रैल, 1917 को दोपहर 12.30 बजे मोतिहारी के सब डिवीजनल मैजिस्ट्रेट की अदालत में आपको उपस्थित होना है और वहाँ आपको डिफेंस ऑफ इंडिया एक्ट के तहत धारा 188 के उल्लंघन के बारे में जवाब देना होगा कि यह धारा आप पर क्यों न लगाई जाए।

हालाँकि चम्पारण के डिस्ट्रिक्ट मैजिस्ट्रेट के लिए यह आदेश जारी करना आसान नहीं था। दरअसल 16 तारीख की शाम को जब गांधी ने धारा 144 के नोटिस का जवाब भेजा था, चम्पारण के डिस्ट्रिक्ट मैजिस्ट्रेट हेकॉक ने तत्काल दिन भर चले घटनाक्रम की रिपोर्ट टेलीग्राम द्वारा तिरहुत कमिश्नर मोरशेड को भेज दी थी। मोरशेड ने उस तार को संलग्न करते हुए एक विस्तृत रिपोर्ट राज्य मुख्यालय में भिजवा दी थी और उनसे गांधी पर डिफेंस ऑफ इंडिया एक्ट के तहत धारा 188 लगाने का आदेश माँगा गया था। हालाँकि मोरशेड ने इस बीच हेकॉक को पत्र लिखकर यह भी कह दिया था कि सम्भवत: गांधी के खिलाफ धारा 188 लगाने की समुचित वजहें हमारे पास नहीं है। इसी वजह से 17 अप्रैल की शाम तक गांधी के खिलाफ कोई कार्रवाई नहीं की गई और जब गांधी ने शाम में पत्र भेजा तो मजबूरन चम्पारण के डीएम को गांधी को अगले दिन अदालत में बुलवाना पड़ा।

हालाँकि गांधी को अदालत में बुलवाकर चम्पारण का जिला प्रशासन बहुत निश्चिन्त नहीं था। उसे भय था कि अगले दिन अदालत में यह दावा खारिज हो सकता है और ऐसे में सरकार की भद पिटने का खतरा था। प्रशासन इस वजह से भी भयभीत था कि गांधी खुद एक अच्छे वकील थे और उनके साथ धरणीधर बाबू और रामनवमी बाबू जैसे वकील पहले से मौजूद थे। गांधी पर देशद्रोह का मुकदमा चलाने के लिए जिन तर्कों और तथ्यों की जरूरत थी, उसकी तलाश में शाम से ही चम्पारण का प्रशासन जुट गया था। मगर गांधी की योजना तो कुछ और ही थी। इसका पता उन्हें अगले दिन अदालत में चला। गांधी ने उस रोज अदालत में जो कुछ किया वह इतिहास बन गया।

18 अप्रैल, 1917

18 अप्रैल, 1917 सचमुच भारत के लिए एक ऐतिहासिक दिन था। इस दिन को याद करते हुए डॉ. राजेन्द्र प्रसाद अपनी पुस्तक में लिखते हैं :

> ता. 18-4-17 चम्पारण के इतिहास में ही नहीं, वरन् भारतवर्ष के वर्तमान इतिहास में एक बड़े महत्त्व का दिन है। आज विश्वविख्यात सर्वश्रेष्ठ न्यायकर्ता एवं प्रतापी राजा राजर्षि जनक के देश में पहुँचे महात्मा गांधी वहाँ के गरीब एवं दु:खी प्रजा के लिए जेल जाने की तैयारी कर रहे हैं। आज ही भारत के इतिहास में सत्याग्रह का एक पवित्र एवं जाज्वल्यमान उदाहरण हमें मिलने वाला है। इससे पूरे भारत देश की आँखें खुलने वाली हैं। 'साँच को आँच नहीं' यह हमारे देश की पुरानी कहावत है, मगर आज गांधी जी इस कहावत को सत्य साबित कर पूरी दुनिया को इस कहावत का प्रमाण देने वाले हैं। चम्पारण के रैयतों के दु:ख को दूर करने के लिए प्रतिबद्ध महात्मा गांधी की पवित्र आत्मा सम्भवत: इसी लिए अवतरित हुई है कि वे शोषकों को तनिक भी कष्ट दिए बगैर इस काम को अंजाम दे सकें।
>
> एक छोर से दूसरे छोर तक सभी की आँखें आज इसी ओर लगी है। ऐसे में वक्त बीतने में भला कोई समय लगता है। देखते-देखते बारह बज जाते हैं। महात्मा जी ने उन चीजों को अलग रख दिया है, जिन्हें वे अपने साथ जेल ले जाना चाहते थे। आज रैयतों के बयान दर्ज करने का काम रोक दिया गया है। उन्हें कह दिया गया है कि यह काम कल से फिर शुरू होगा। 12.15 बजे गांधी जी, बाबू धरणीधर और बाबू रामनवमी प्रसाद के साथ कचहरी की तरफ निकल पड़ते हैं। रास्ते में बाबू धरणीधर कहते हैं, महात्मा जी, आपके जेल जाने के बाद कोई कुछ करे या न करे, मगर हम दोनों ने फैसला कर लिया है कि हमलोग आपके पीछे-पीछे जेल जाएँगे। इस बात को सुनते ही महात्मा जी का मन प्रफुल्लित हो जाता है। वे कहते हैं, तब तो समझिए फतह हो गई।

उस रोज सुबह दस बजे से ही सब डिवीजनल मैजिस्ट्रेट के कोर्ट में और गोरख बाबू के घर पर भारी भीड़ जमा होने लगी थी। हर जगह यह खबर फैल चुकी थी कि आज देशद्रोह के इल्जाम में गांधी जी को जेल भेज दिया जाएगा। इसलिए मोतिहारी शहर और आसपास के गाँवों में जिसे इस खबर

के बारे में मालूम होता वह इसी तरफ चला आता। महात्मा गांधी अपनी आत्मकथा में लिखते हैं :

> लोग कहते थे कि उस दिन मोतिहारी में जैसा दृश्य देखा गया वैसा पहले कभी नहीं देखा गया था। गोरख बाबू के घर भीड़ उमड़ पड़ी। सौभाग्य से मैंने अपना सारा काम रात को निबटा लिया था। इसलिए मैं भीड़ को सँभाल सका। साथियों का मूल्य मुझे पूरा-पूरा मालूम था। वे लोगों को संयत रखने में जुट गए। कचहरी में जहाँ जाता वहाँ दल के दल लोग मेरे पीछे आते। कलेक्टर, मैजिस्ट्रेट, सुपरिंटेंडेंट आदि के साथ मेरा एक प्रकार का सम्बन्ध स्थापित हो गया। वे लोगों को काबू में रखने में मेरी और मेरे साथियों की मदद खुशी-खुशी लेने लगे थे।

दरअसल भीड़ इस कदर बेकाबू हो गई थी कि जब गांधी जी अदालत में घुसने लगे तो उनके पीछे दो हजार लोगों की भीड़ ने उस कमरे में घुसने की कोशिश की। इस कोशिश में कचहरी के कई दरवाजे और शीशे टूट गए। इससे वहाँ के हाकिम जार्ज चन्दर परेशान हो गए। उन्होंने गांधी जी से कहा कि आप कुछ देर मुख्तारखाने में बैठिए, मैं आपको बुलवा लूँगा। इस बीच कचहरी में हथियारबन्द दस्ते को बुलवाया गया कि अगर भीड़ फिर से अदालत कक्ष में घुसने की कोशिश करे तो उसे रोका जा सके। लेकिन, अब भीड़ को अदालत के कक्ष में घुसने में कोई दिलचस्पी नहीं थी। लोग मुख्तारखाने के सामने खड़े होने लगे। भीड़ एकटक गांधी जी को देखे जा रही थी। कई लोगों की आँखों से आँसू बहने लगे थे। लोग भाव विह्वल हो रहे थे कि देखिए, यह परदेसी आदमी हमलोगों के लिए जेल जाने को तैयार है।

कुछ देर बाद गांधी जी का बुलावा आ गया और वे अदालत कक्ष के अन्दर गए। वहाँ सरकारी वकीलों का जत्था कानून की मोटी-मोटी किताबें लिए उनका इन्तजार कर रहा था। एक तो गांधी जी खुद बैरिस्टर थे, फिर उनके साथ धरणीधर बाबू और रामनवमी बाबू जैसे वकील दाएँ-बाएँ हाथ की तरह मौजूद थे। सरकार का केस भी कमजोर था। गांधी पर डिफेंस ऑफ इंडिया एक्ट का मुकदमा साबित करना बड़ा मुश्किल था। इन वकीलों को भी सारी रात जगना पड़ा था कि कहीं कोर्ट में सरकार की भद न पिट जाए।

मैजिस्ट्रेट ने सबसे पहले पूछा, आपका वकील कौन है?

गांधी जी ने कहा, मेरा कोई वकील नहीं है।

इस बात पर वहाँ मौजूद लोगों को विस्मय तो हुआ पर उन्होंने सोचा कि गांधी खुद बैरिस्टर हैं। शायद अपना मुकदमा खुद लड़ें।

बहस शुरू हुई। सबसे पहले सरकारी वकील ने आरोप पढ़कर सुनाया। उसने कहा, मि. गांधी को चम्पारण के डीएम ने नोटिस भेजकर सूचित किया था कि उन पर धारा 144 लगाई गई है और वे अगली गाड़ी से चम्पारण छोड़कर चले जाएँ। इस नोटिस के हिसाब से मि. गांधी को 16 अप्रैल की रात वाली ट्रेन पकड़कर मोतिहारी से चले जाना चाहिए था। मगर यह देखा जा सकता है कि वे कल 17 अप्रैल को भी यहीं थे और आज भी यहीं हैं। उन्होंने एक सरकारी अधिकारी के आदेश का उल्लंघन किया है। इसलिए उन पर धारा 188 के तहत अभियोग लगाया जाता है।

मैजिस्ट्रेट ने इसके बाद गांधी जी से जवाब देने के लिए कहा, तो वे बोले, आदेश मिलने के बाद मैंने एक पत्र लिखकर डीएम को उसी दिन सूचित कर दिया था कि मेरे चम्पारण नहीं छोड़ने की वजह क्या है। कृपया उस पत्र को मिसिल में शामिल कर लिया जाए।

मैजिस्ट्रेट ने कहा, वह पत्र यहाँ नहीं है। अगर आप जरूरी समझते हैं तो कृपया यहाँ दस्तख्त कर दें। गांधी ने दस्तख्त कर दिया।

इसके बाद गांधी जी ने अदालत के सामने अपना बयान पढ़ना शुरू कर दिया। उन्होंने कहा :

> अदालत के आदेश से मैं संक्षेप में बताना चाहूँगा कि मुझे जो सीआरपीसी की धारा 144 का नोटिस मिला था, मैंने उसकी अवज्ञा करने का गम्भीर कदम क्यों उठाया। मेरी विनम्र राय में यह स्थानीय प्रशासन और मेरे नजरिये में फर्क की बात है। मैंने मानवतावादी और राष्ट्रीय सेवाओं के ख्याल से इस इलाके में प्रवेश किया था। ऐसा मैंने रैयतों द्वारा बार-बार भेजे जा रहे बुलावे की वजह से किया, उनका कहना है कि नील प्लांटर उनके साथ बेहतर बर्ताव नहीं करते। बिना समस्या को समझे मैं उनकी कोई भी मदद नहीं कर सकता। इसलिए मैं यहाँ यह अध्ययन करने आया हूँ, अगर उपलब्ध हो तो स्थानीय प्रशासन और नील प्लांटरों की मदद भी लेना चाहता हूँ। मेरा दूसरा कोई इरादा नहीं है और न ही मैं यह सोचता हूँ

कि मेरे आने से यहाँ की शान्ति-व्यवस्था में कोई बाधा होगी या जन-धन की हानि हो सकती है। मेरा मानना है कि इस कार्य का मुझे कुछ अनुभव भी है।

हालाँकि प्रशासन इस मसले पर दूसरे तरीके से सोचता है। मैं उनकी कठिनाई को समझता हूँ और यह भी मानता हूँ कि उन्हें उन्हीं सूचनाओं के आधार पर काम करना होता है, जो उनके पास उपलब्ध होते हैं। कानून में विश्वास रखने वाले नागरिक तौर पर मेरा पहला काम उस आदेश को मानना होता, जो मुझे दिया गया था। लेकिन मैं उन लोगों का भरोसा तोड़े बगैर ऐसा नहीं कर सकता था, जिन्होंने मुझे यहाँ बुलाया है। मेरी राय है कि मैं उन लोगों के बीच रहकर ही उनका भला कर सकता हूँ। यही वजह है कि मैं स्वेच्छा से यहाँ से जा नहीं सकता। दो कर्तव्यों के परस्पर विरोध की दशा में मैं यही कर सकता था कि मैं खुद को यहाँ से हटाने का जिम्मा यहाँ के शासकों पर छोड़ दूँ।

मैं इस बात को लेकर काफी सजग हूँ कि सार्वजनिक जीवन में मेरे जैसी छवि रखने वाले व्यक्ति को उदाहरण पेश करने के मामले में काफी चौकस रहना चाहिए। मेरा दृढ़ विश्वास है कि जिस परिस्थिति में मैं इस वक्त हूँ, उसमें प्रत्येक प्रतिष्ठित को वही काम करना चाहिए, जो मैंने किया है, यानी आज्ञा न मानकर दंड सहने के लिए तैयार हो जाना।

आज यहाँ मैंने जो बयान पेश किया है, उसका मकसद यह नहीं कि मेरा दंड कम कर दिया जाए। बल्कि उसका मकसद यह जाहिर करना है कि मैंने सरकार के आदेश की जो अवज्ञा की है, उसकी वजह सरकार के प्रति मेरी अश्रद्धा नहीं है। बल्कि इसलिए कि मैं सरकार से भी उच्चतर कानून अपनी अन्तरआत्मा के कानून का पालन करना उचित समझ रहा हूँ।

इस बयान को सुनकर अदालत सकते में आ गई। मैजिस्ट्रेट को समझ नहीं आ रहा था कि अब क्या करना चाहिए। उन्होंने पूछा, आपके इस बयान से क्या अर्थ निकलता है? क्या आप अपना अपराध कबूल कर रहे हैं?

इस पर गांधी जी ने कहा, मुझे जो कहना था, वह तो मैंने कह दिया है।

मैजिस्ट्रेट ने पूछा कि लेकिन उस बयान में अपराध से साफ इनकार भी तो नहीं है।

जवाब में गांधी जी ने कहा, मैं अदालत का ज्यादा वक्त नष्ट नहीं करना चाहता, मैं अपना अपराध कुबूल कर लेता हूँ।

इस बयान की उम्मीद किसी को नहीं थी। मैजिस्ट्रेट ने कहा, अगर आप आज भी चम्पारण छोड़कर चले जाएँ और दुबारा न आने का वादा करें, तो मुकदमा उठा लिया जाएगा।

इस पर गांधी जी बोले, यह बात मैं नहीं मान सकता। अभी की कौन कहे, मैं तो जेल से छूटने पर भी यहीं रहूँगा। जब तक अपना काम न कर लूँ, कहीं नहीं जाऊँगा। चम्पारण को ही अपना घर बना लूँगा।

यह सुनकर मैजिस्ट्रेट चुप हो गए। बोले, तब तो इस मामले में विचार करने की जरूरत है। आप तीन बजे आइए, फिर फैसला सुनाता हूँ।

अदालती कार्रवाई के बाद गांधी गोरख बाबू के घर जाने के लिए निकले तो उन्हें डिप्टी सुपरिंटेंडेंट ने रोक लिया। कहा, आपसे सुपरिंटेंडेंट मिलना चाहते हैं। गांधी जी उनके पास गए तो पता चला कि वे दक्षिण अफ्रीका में रह चुके हैं। उन्होंने दक्षिण अफ्रीका के सम्पर्क के आधार पर उनसे ढेर सारी बातें कीं। बातों-बातों में उन्होंने राजकुमार शुक्ल की काफी बुराइयाँ कीं और कहा कि आप चाहें तो कुछ नील प्लांटरों से आपको मिलवा सकता हूँ।

इसके बाद गांधी जी की मुलाकात चम्पारण के डीएम डब्ल्यू.बी. हेकॉक से हुई। उन्होंने इस मामले को लेकर खेद जताया और कहा कि आपको पहले मुझसे मिलना चाहिए था। इस पर गांधी जी ने कहा कि मैं पहले ही तिरहुत के कमिश्नर से मिल चुका हूँ, उनकी जो प्रतिक्रिया रही है, उसके बाद आपसे मिलने का कोई औचित्य नहीं था। हेकॉक ने उनसे कहा कि कृपया तीन दिनों तक देहात की तरफ न जाएँ। उनकी यह बात गांधी ने मान ली।

3 बजे गांधी मैजिस्ट्रेट की अदालत में पुनः पहुँच गए। मैजिस्ट्रेट ने कहा, मैं फैसला 21 अप्रैल को सुनाऊँगा। इस बीच आपको 100 रुपए की जमानत पर छोड़ा जा सकता है। इस पर गांधी जी ने फिर मैजिस्ट्रेट साहब के लिए समस्या खड़ी कर दी। उन्होंने कहा, न तो मेरे पास कोई जमानतदार है, न मैं जमानत की राशि दे सकता हूँ। इस बात पर मैजिस्ट्रेट ने सर पकड़ लिया। आख़िरकार थक-हार कर उन्होंने खुद ही मुचलका लेकर उनसे जाने के लिए कहा।

वहाँ से गांधी घर पहुँचे, थोड़ी देर में डॉ. राजेन्द्र प्रसाद, मौलाना मजहरूल हक, बाबू ब्रजकिशोर प्रसाद और मि. पोलक भी पहुँच गए। ये लोग सवेरे ही पटना से चले थे। गांधी का तार मिलने के बाद चारों ने आपस में मशविरा किया था कि पटना में जुटेंगे और एक साथ चम्पारण जाएँगे। दिलचस्प बात

यह है कि ब्रिटिश सरकार के प्रशासकों से जब गांधी अदालती लड़ाई लड़ रहे थे तो उनके साथ कोई बड़ा राजनेता नहीं था। धरणीधर बाबू और रामनवमी बाबू जैसे वकील तो थे मगर उन्हें राजनीतिक संघर्ष का अनुभव नहीं था। सबकुछ गांधी जी ने स्वविवेक से किया।

खास तौर पर उस रोज अदालत में जो हुआ वह अविस्मरणीय था। बाद में ऐसी घटनाएँ खूब हुईं जब किसी आरोपी ने बिना किसी बहस के खुद आरोप स्वीकार कर लिया। और कहा कि यह मैंने अन्तरात्मा की पुकार पर किया है। और जमानत मिलने पर उसने जमानत लेने से इनकार कर दिया। अदालत जमानत देना चाहती थी, मगर आरोपी लेने को तैयार नहीं था। मगर उस वक्त जिसने भी इस घटना के बारे में सुना हैरत में पड़ गया। सोचने लगा यह कैसी लड़ाई है। गांधी जी ने अपनी आत्मकथा में लिखा है कि अधिकारियों के व्यवहार से लग रहा था कि जैसे आज से उनकी सत्ता खत्म हो गई है।

बहरहाल, तमाम मीठी-मीठी बातचीत के बावजूद हेकॉक ने उस दिन की रिपोर्ट चीफ सेक्रेटरी को भेज दी। उन्होंने माँग की कि गांधी को जेल की सजा सुनाने की अनुमति दी जाए। तिरहुत के कमिश्नर ने भी रिपोर्ट भेजकर मुख्यालय से निर्देश माँगा। सबके मन में यह बात थी कि गांधी को सजा मिलनी चाहिए। इधर गांधी की टीम के लोग भी 21 अप्रैल के फैसले को लेकर सशंकित थे। गांधी मन ही मन जेल जाने की तैयारी कर रहे थे और पटना से आए साथियों से विचार-विमर्श कर रहे थे। बातचीत का मुद्दा यह था कि अगर गांधी को जेल जाना पड़ा तो उसके बाद क्या किया जाएगा।

पटना से आई टीम को जब यह पता चला कि बाबू धरणीधर और बाबू रामनवमी प्रसाद ने तय किया है कि अगर गांधी जी को जेल भेज दिया गया तो वे लोग भी उनके पीछे जेल जाने के लिए तैयार हैं, तो वे लोग बहुत खुश हुए। उन लोगों ने कहा, हम भी गांधी के पीछे जेल जाएँगे। जब यह बातचीत हो रही थी तो गांधी जी अनुपस्थित थे। उनको बुलाकर सभी लोगों ने अपने फैसले से उन्हें अवगत करा दिया। यह सुनकर वे बहुत खुश हुए और कहा कि फिर कार्यक्रम बना लीजिए :

> तय हुआ कि गांधी के जेल जाने की स्थिति में पहले मजहरूल हक और ब्रजकिशोर बाबू उनका काम सँभालेंगे। अगर उनको भी जेल भेज दिया गया तो बाबू धरणीधर और बाबू रामनवमी प्रसाद काम सँभालेंगे। और उनके बाद

डॉ. राजेन्द्र प्रसाद, शंभुशरण और अनुग्रह नारायण सिंह इस काम को सँभालेंगे। इनको भी जेल भेज दिया गया तो तब तक दूसरे लोग आ जाएँगे। रात की गाड़ी से मजहरूल हक और ब्रजकिशोर बाबू को पटना भेज दिया गया कि वे पूरी तैयारी के साथ 21 अप्रैल को सजा सुनाए जाने से पहले पहुँच जाएँ। उनके साथ मि. पोलक भी लौट गए। इस तरह 18 अप्रैल का वह महान दिन सकारात्मक योजना के साथ खत्म हुआ।

19 अप्रैल, 1917

19 अप्रैल की सुबह भी गोरख बाबू के दरवाजे पर रैयतों की भीड़ जुटने लगी थी। रैयतों के मन में गांधी के प्रति श्रद्धा और अपनत्व का जो भाव पैदा हुआ था, वह बरबस उन्हें इस तरफ खींचने लगा था। कई लोग शिकायत दर्ज कराने आते थे तो गांधी को सिर्फ देखने के लिए वहाँ पहुँचने वालों की संख्या भी कम नहीं थी। गांधी ने भी रैयतों के बयान दर्ज करने का काम फिर से शुरू कर दिया। फैसला आने में दो दिन का वक्त था और वे आने वाले फैसले के दबाव से मुक्त होकर अपना काम स्वाभाविक रूप से कर रहे थे। रैयतों का नाम दर्ज करने के लिए दो पुलिस वाले भी पहुँच गए थे।

रैयतों से बयान दर्ज करवाने के मामले में गांधी बड़े सख्त थे। उन्होंने अपने सहयोगियों से कह दिया था कि पूरी छानबीन के बाद ही बयान दर्ज किए जाएँ। अगर कोई बात ऐसी लगे कि जिसमें तत्काल छानबीन की जरूरत हो तो उसकी सूचना दी जाए।

अब तीन बजे की गाड़ी से रोज कोई न कोई व्यक्ति मोतिहारी पहुँच रहा था। उस रोज सी.एफ. एंड्रयूज वहाँ पहुँचे। वे ऐसे ब्रिटिश थे, जिनकी भारत के लोगों के प्रति सहानुभूति रहती थी। गोखले ने दक्षिण अफ्रीका में गांधी की मदद के लिए उन्हें भारत से भेजा था। गांधी को भारत आने के लिए भी उन्होंने ही राजी किया था। बाद में कुछ मसलों पर गांधी के साथ उनकी असहमतियाँ रहीं, मगर उनका भारत प्रेम और यहाँ होने वाली ज्यादतियों के मसले पर ब्रिटिश सरकार के खिलाफ टिप्पणियाँ करना कभी बन्द नहीं हुआ। बहरहाल उन्हें देखकर और उनके बारे में जानकर न सिर्फ गांधी की टीम के लोग, बल्कि स्थानीय चम्पारण वासी भी काफी खुश हुए।

यहाँ के लोगों ने कभी ऐसा अंगरेज नहीं देखा था जो अपनी ही जाति की सरकारी व्यवस्था का आलोचक हो। इतना ही नहीं उसका पहनावा, बातचीत का लहजा सबकुछ अलहदा था। सामान्य तौर पर लोगों को इस बात की ख़ुशी हुई कि अंगरेजों के खिलाफ लड़ाई में उनकी मदद करने के लिए एक अंगरेज आ गया है।

इस बीच गांधी के नाम से पूरे भारत से तार आने लगे थे। दरअसल ऐसा इसलिए हुआ कि 18 अप्रैल को इंडियन न्यूज़ एजेंसी ने टेलीग्राम के जरिये इस मुकदमे की खबर जारी कर दी थी। खबर इस प्रकार थी :

> आज शाम मोतिहारी से यह खबर आई है कि मि. गांधी वहाँ मैजिस्ट्रेट के सामने पेश हुए हैं। धारा 144 की अवज्ञा के मामले में। मि. गांधी ने अपना गुनाह कबूल कर लिया है और मैजिस्ट्रेट ने फैसला स्थगित रख लिया है। मि. गांधी इस बात से सहमत हो गए हैं कि वे शनिवार तक सरकारी फैसला आने से पहले गाँवों की यात्रा पर नहीं जाएँगे।

अगले दिन देश के कई अखबारों में यह खबर प्रमुखता से प्रकाशित हुई। कुछ अखबारों में 20, 21 अप्रैल और इसके बाद भी टिप्पणियाँ छपीं और यह राष्ट्रीय खबर बन गई। मद्रास से छपने वाले अखबार 'इंडियन पैट्रियट' ने 19 अप्रैल को लिखा :

> हम लोगों के लिए यह भयावह सूचना है कि कुछ मूर्ख अफसरों ने मि. गांधी के मामलों में हस्तक्षेप करने में अपना दिमाग खपाना शुरू कर दिया है। ऐसे अफसरों के खिलाफ कड़ी भाषा का प्रयोग करने से कोई खुद को कैसे रोके, जिन्होंने हिन्दुस्तानियों के खिलाफ यह कार्रवाई की है। इन लोगों ने बूढ़े-बच्चे, राजनीतिक-अराजनीतिक हर किसी के मन में क्रोध की अग्नि भड़का दी है।

20 अप्रैल को बम्बई से प्रकाशित होने वाले अखबार 'द मैसेज' ने लिखा :

> अब तक जो जानकारी हमें मिली है, उससे यही समझ में आता है कि यह फैसला मनमानी से भरा और गैरकानूनी है। मि. गांधी पर यह दोष लगाना कि उनकी इच्छा किसी को हानि पहुँचाने या शान्ति भंग करने की थी, इसमें सच की कोई गुंजाइश नहीं है। यह मुमकिन है कि उनकी जाँच से नील की खेती की गड़बड़ियों का भेद खुल जाए और नील प्लांटर परेशान हो जाएँ।

ऐसी खबरें अगले कई दिनों तक छपती रहीं।

18 अप्रैल की शाम को ही शिमला से भारत सरकार के होम डिपार्टमेंट ने पुरी में मौजूद बिहार के लेफ्टिनेंट गवर्नर को तार भेजा :

> ऐसा मालूम हुआ है कि गांधी को धारा 144 के तहत चम्पारण छोड़ने का नोटिस जारी किया गया है। और यह भी कि उन्होंने इस आज्ञा को मानने से इनकार कर दिया है। मि. पोलक और हक उनकी मदद करने के लिए वहाँ पहुँच चुके हैं। यह मामला प्रेस का ध्यान आकृष्ट करने लगा है। अत: भारत सरकार चाहती है कि इस मामले की संक्षिप्त रिपोर्ट उपलब्ध कराई जाए।

मतलब यह कि गांधी ने 18 अप्रैल को जो कुछ किया उसका असर भले ही स्थानीय तौर पर समझ में नहीं आया हो, पूरे देश में उनके इस फैसले को लेकर खलबली मच गई थी। बहुत जल्द प्रशासनिक हलकों में उसका असर दिखने लगा।

19 तारीख को बिहार और उड़ीसा सरकार के कैम्प ऑफिस से इस मसले पर तीन टेलीग्राम जारी हुए। पहला टेलीग्राम तिरहुत के कमिश्नर मि. मोरशेड को भेजा गया। वह टेलीग्राम काफी सख्त भाषा में लिखा हुआ था :

> लेफ्टिनेंट गवर्नर इस बात को लेकर बड़े क्षुब्ध हैं कि आपने उनका विचार जाने बगैर यह फैसला लिया। आपके पत्र में ऐसी कोई बात नहीं थी, जिससे यह समझा जाए कि गांधी का इरादा परेशानी पैदा करना था। इसके बदले उन्हें सम्बन्धित अफसरों से मिलने और इलाकों को घूम लेने देना चाहिए था। यह चेतावनी जरूर दी जा सकती थी कि अगर इस दौरान कोई परेशानी होती है, तो इसके जिम्मेदार गांधी स्वयं होंगे। हिज ऑनर इस बात से कतई सहमत नहीं थे कि उनके खिलाफ डिफेंस ऑफ़ इंडिया रूल लगाया जाए, खास तौर पर जब तक कोई बहुत तार्किक वजह न हो। मैजिस्ट्रेट को सलाह दी जा सकती है कि वे उन पर से धारा 144 हटा लें। उन्हें यह भी निर्देश दिया जाना चाहिए कि फ़िलहाल इस मामले में कोई एक्शन न लें।

दूसरा टेलीग्राम भारत सरकार के गृह विभाग को भेजा गया। जिसमें कहा गया कि लेफ्टिनेंट गवर्नर इस कार्रवाई से सहमत नहीं हैं और यह मुकदमा उठा

लेने के निर्देश दिए गए हैं। लेफ्टिनेंट गवर्नर साहब का मन इससे भी नहीं भरा तो उन्होंने सीधे तीसरा टेलीग्राम मोतिहारी के डीएम को भेज दिया। उस टेलीग्राम में लिखा था :

> मि. गांधी को खेतिहरों के मसले से सम्बन्धित तमाम तथ्य हासिल करने की सुविधाएँ उपलब्ध कराई जाएँ, जैसे सेटलमेंट अफसर और बेतिया के मैनेजर के पास उपलब्ध सूचनाएँ आदि। लेकिन साथ में यह जरूर बता दिया जाए कि यहाँ के रैयत उत्तेजित अवस्था में हैं। इसलिए ऐसा कोई कदम न उठाएँ जिससे स्थिति नाजुक हो जाए।

20 अप्रैल, 1917

इस तरह यह तय हो गया कि गांधी के ऊपर से मुकदमा हटा लिया जाएगा। हालाँकि आदेश के बावजूद चम्पारण के प्रशासन ने इस सूचना को दबाए रखा। 20 अप्रैल की सुबह जब एंड्रयूज खुद मि. हेकॉक से मिलने गए, तब भी उन्हें यही कहा गया कि मुकदमा वापस लिया जा सकता है, मगर अभी आदेश नहीं आया है। लेकिन उसी दिन शाम सात बजे गांधी जी को बताया गया कि मुकदमा उठा लिया गया है और अधिकारी आपको जाँच में मदद करेंगे।

इस तरह चम्पारण में गांधी ने अपनी पहली लड़ाई जीत ली। उनकी सत्यनिष्ठा के आगे अधिकारियों को झुकने के लिए विवश होना पड़ा। वस्तुतः इस मामले में अधिकारियों का मनोबल ही टूट गया। जो लोग गांधी को चम्पारण से बाहर का रास्ता दिखाना चाह रहे थे। उन्हें ही अब नील की खेती से सम्बन्धित तमाम तथ्य उपलब्ध कराना था। गांधी की जाँच को स्वीकृति देनी थी और मदद करना था। ऐसा चम्पारण में पहली बार हो रहा था। रैयतों का पक्षधर कोई व्यक्ति सरकारी स्वीकृति से रैयतों की समस्या औपचारिक रूप से सुन रहा था। नील प्लांटरों को भी इस जाँच में बयान देना था।

ऐसे में यह सवाल जरूर उठता है कि जब स्थानीय प्रशासन के लोग गांधी को भगाना चाह रहे थे तब राज्य सरकार के प्रशासक ने गांधी को ससम्मान जाँच की इजाजत क्यों दी। स्थानीय प्रशासकों का विचार जानने का कोई पुख्ता स्रोत नहीं है, मुमकिन है कि नील प्लांटरों के बचाव में वे ऐसा कर रहे हों। मगर बिहार और उड़ीसा सरकार का पक्ष उनके 20 अप्रैल के गोपनीय पत्र से जाहिर होता है,

जो उन्होंने तिरहुत के कमिश्नर मोरशेड को भेजा था। इस पत्र में मोरशेड के फैसलों की तीखी आलोचना तो की ही गई थी। साथ ही यह भी लिखा था :

> बेशक इस बात के प्रमाण हैं कि जैसा उन्होंने दक्षिण अफ्रीका में शहीद बनने का काम किया था, वही यहाँ भी करना चाहते हैं। इस दृष्टि से एक अन्यायी मैजिस्ट्रेट के हाथ जेल भेजे जाने से बढ़कर उनके हाथ में कोई दूसरा हथियार नहीं हो सकता। मि. गांधी के पूर्व इतिहास को जानते हुए आपको समझ लेना चाहिए था कि वे वैसा ही करेंगे।
>
> हो सकता है मुकदमा वापस लिए जाने को गांधी और उसके साथी अपनी जीत समझें। मगर जो गलती हो चुकी है उसे सुधारने के लिए इसके सिवा कोई उपाय नहीं है। इस समय एक बहुत कठिन और नाजुक स्थिति उत्पन्न हो गई है। इसका मुकाबला बहुत सतर्कता और होशियारी से करना होगा।

उस पत्र के ये अंश यह राज खोल देते हैं कि गांधी पर से मुकदमा हटाने का निर्णय न्याय की किसी भावना से नहीं लिया गया था। मोरशेड की उग्रता और गांधी जी की सविनय अवज्ञा की वजह से सरकार अजीबोगरीब स्थिति में फँस गई थी। अगर यह मुकदमा तत्काल खत्म नहीं किया जाता तो सरकार के खिलाफ बहुत जल्द राष्ट्रव्यापी माहौल बन सकता था। यह फैसला बस उस आपदा को नियंत्रित करने की कोशिश में लिया गया।

बिहार और उड़ीसा सरकार का यह पत्र गांधी के सत्याग्रह की शक्ति का भी प्रमाण है। उसका गहरा असर स्पष्ट हो चुका था, इस जीत ने गांधी और उनके साथियों का मनोबल कई गुना बढ़ा दिया। बड़े-बड़े नेता इस आन्दोलन से जुड़ने चम्पारण पहुँचने लगे। इन ग्यारह दिनों में जो कुछ घटा वह भारतीय स्वतंत्रता आन्दोलन का सुनहरा इतिहास है। हालाँकि यह पहली जीत थी, अभी और मोर्चे और लड़ाइयाँ थीं।

गांधी गाँव की ओर

मुकदमा वापसी और जाँच की इजाजत के सरकारी फैसले ने चम्पारण में गांधी के अभियान की पूरी तस्वीर ही बदल दी। उनकी 18 अप्रैल की पेशी की खबर पूरे देश में छपी और स्वतंत्रता आन्दोलन से जुड़े हर व्यक्ति को पता चल गया

कि चम्पारण में कुछ बड़ा काम हो रहा है। दक्षिण अफ्रीका में नस्लभेद विरोधी आन्दोलनों में खासी सफलता हासिल कर स्वदेश लौटे गांधी पर हर राजनीतिक व्यक्ति की निगाह थी। 1915 से ही हर कोई यह देखना चाह रहा था कि देखें, ये हिन्दुस्तान में क्या करते हैं। हालाँकि शुरुआती एक साल का वक्त तो उन्होंने गोपालकृष्ण गोखले को दिए अपने वचन के मुताबिक केवल देश की यात्रा करने में गुजारा और किसी भी मुद्दे पर अपनी राय जाहिर नहीं की। गोखले ने उनसे कहा था, आप पहले इस देश को समझ लीजिए, फिर राजनीतिक काम कीजिएगा। वे गांधी की क्षमताओं से काफी प्रभावित थे। दक्षिण अफ्रीका जाकर उन्होंने गांधी का काम देखा था और वापस आकर कहा था, देश को मुक्ति दिलाने वाला सिपाही दक्षिण अफ्रीका में तैयार हो रहा है।

बाद में उन्होंने सीएफ एंड्रयूज को दक्षिण अफ्रीका भेजा और एंड्रयूज गांधी को देश लेकर आए। हालाँकि जिस साल गांधी हिन्दुस्तान आए, उसी साल गोखले का निधन हो गया। मगर गांधी ने पूरी निष्ठा से गोखले को दिया वचन पूरा किया। चम्पारण भी वे इस इरादे से नहीं आए थे कि यहाँ आन्दोलन करेंगे। वे तो यहाँ समस्या को समझने आए थे। मोरशेड और हेकॉक जैसे अधिकारियों ने उनके लिए ऐसी परिस्थितियाँ पैदा कर दीं कि उन्हें इस देश में अपना पहला आन्दोलन शुरू करना पड़ा।

उन्होंने यहाँ जो कुछ किया, उसकी गूँज पूरे देश में पहुँच गई। एक सफलता ने सैकड़ों लोगों को प्रेरित किया कि वे चम्पारण जाकर इस आन्दोलन के सहभागी बनें। अखबारों के प्रतिनिधि भी बड़ी संख्या में चम्पारण आने की तैयारी करने लगे। रोज सैकड़ों की संख्या में पत्र और टेलीग्राम आने लगे कि हम वहाँ आना चाहते हैं। जगह-जगह से आर्थिक सहयोग की पेशकश की जाने लगी। इस परिस्थिति में क्षण भर के लिए ही सही, बड़ा से बड़ा नेता सफलता के नशे में डूब सकता था। वह सोच सकता था कि सबको यहाँ बुलवा लिया जाए और एक बड़ा आन्दोलन शुरू कर दिया जाए।

मगर गांधी की सोच अलग ही थी। इन प्रस्तावों ने उन्हें प्रोत्साहित करने के बदले सचेत कर दिया। अपनी आत्मकथा में वे लिखते हैं, मैं यह समझता था कि चम्पारण के निलहे खूब चिढ़े हुए हैं। मैं यह भी समझता था कि अधिकारी भी मन में खुश नहीं होंगे, अखबार में सच्ची-झूठी खबरों के छपने से वे अधिक चिढ़ेंगे। उनकी चिढ़ का प्रभाव मुझ पर तो कुछ नहीं पड़ेगा, पर

गरीब, डरपोक रैयत पर पड़े बिना नहीं रहेगा। ऐसा होने से जो सच्ची स्थिति मैं जानना चाहता हूँ, उसमें बाधा पड़ेगी।

इसलिए सबसे पहले उन्होंने सभी अखबार वालों को सूचित कर दिया कि कृपया अपने प्रतिनिधि यहाँ नहीं भेजें। मैं ही समय-समय पर आप लोगों को यहाँ की खबरें भेजता रहूँगा। मदन मोहन मालवीय जिन्होंने लखनऊ में राजकुमार शुक्ल के प्रस्ताव को अस्वीकार कर दिया था, अब चम्पारण आना चाहते थे। मगर गांधी ने उन्हें मना कर दिया। बम्बई से उनके कुछ मित्रों ने 15 हजार रुपए की सहयोग राशि भेजने की बात कही थी। गांधी ने उसे भी सधन्यवाद अस्वीकार कर दिया।

चम्पारण में गांधी ने इस आन्दोलन को आगे बढ़ाने के लिए कुछ नियम बनाए। पहला यह कि कांग्रेस के नाम का इस्तेमाल नहीं किया जाएगा। उनका अनुभव था कि यहाँ के लोगों में कांग्रेस की छवि बहुत अच्छी नहीं है। लोग उसे 'वकीलों की आपसी खींचातानी और कानून की गलियों से 'सटक' जाने की कोशिश करने वालों' का मंच मानते थे।

आर्थिक संसाधन के मसले पर उनका विचार था कि न रैयत से चन्दा लिया जाए और न ही बिहार के बाहर वालों से। ब्रजकिशोर बाबू अपने मित्रों, सहयोगियों की मदद से जो पैसा जुटा पाएँगे, उसी से काम आगे बढ़ाया जाएगा। गांधी लिखते हैं, इस आन्दोलन में दो-तीन हजार से अधिक खर्च ही नहीं हुआ, इसलिए पैसों की कोई बहुत बड़ी दिक्कत नहीं हुई।

तत्काल, सबसे पहले मोतिहारी में ठिकाना बदला गया। रोज रैयतों की भारी भीड़ पहुँचती थी। गोरख बाबू के घर से काम चल नहीं पा रहा था। सो ब्रजकिशोर बाबू ने एक लम्बा-चौड़ा मकान किराए पर लिया और सभी लोग वहाँ चले गए। मगर वहाँ जो लोग रह रहे थे, उनकी जीवनशैली बिल्कुल अलग थी। सभी बड़े-बड़े वकील थे। हर कोई अपने साथ रसोइया लेकर चलता था। यानी उस मकान में अलग-अलग कई रसोई रोज सजती थीं। लोग रोज रात के बारह बजे तक भोजन करते थे। गांधी ने यह व्यवस्था खत्म करवा दी और सभी रसोइयों को छुट्टी दिलवा दी।

एक साझी रसोई शुरू हुई और तय हुआ कि भोजन निरामिष ही बनेगा। गांधी लिखते हैं, इससे खर्च में भी कमी आई और समय की भी काफी बचत हुई।

जब नील का दाग़ मिटा

रैयतों के बयान दर्ज करने के तरीके के बारे में पहले ही बताया जा चुका है। लोग बारीकी से पूछताछ करते थे और जो रैयत जिरह में उखड़ गया, उसका बयान दर्ज नहीं करते थे। और तो और वहाँ पहुँचने वाले खुफिया पुलिस वालों को भी गांधी और उनके साथी भरपूर सहयोग करते थे। वैसे यह कोई आन्दोलन था भी नहीं, रैयतों की पूछताछ भर थी। पहले सिर्फ उन्हीं रैयतों के बयान दर्ज किए जा रहे थे, जो मोतिहारी आकर बयान दे रहे थे। लेकिन 20 अप्रैल के फैसले के बाद तय हुआ कि अब गाँव-गाँव घूमकर बयान दर्ज किया जाएगा।

20 अप्रैल की शाम फैसला बताया गया, 21 को मोतिहारी में व्यवस्थाएँ की गईं और 22 को गांधी जी बेतिया की यात्रा पर निकल पड़े, जहाँ राजकुमार शुक्ल का गाँव मुरली भहरवा था, शेख गुलाब का गाँव साठी था और शीतल राय का ठिकाना परसा कोठी था, जहाँ के दशहरा मेला में 1908 का नील विद्रोह शुरू हुआ था। वैसे तो नील की कोठियाँ पूरे चम्पारण में फैली थीं। बहुत कम ऐसे गाँव थे, जहाँ नील की खेती नहीं होती थी। मगर बेतिया और नरकटियागंज के आसपास के इलाके रैयतों के विद्रोह के महत्त्वपूर्ण ठिकाने बने थे। यह तो संयोग था कि गांधी को मुजफ्फरपुर से चम्पारण लाने वाले गोरख बाबू वकील थे, क्योंकि उस रोज राजकुमार शुक्ल मौजूद नहीं थे। अगर उन्हें शुक्ल चम्पारण लाते तो बहुत मुमकिन है, उनका ठहराव मोतिहारी में न होकर बेतिया में होता, जहाँ उस वक्त शुक्ल का और उनके मित्र पीर मोहम्मद मुनिस का परिवार रहता था।

गांधी की बेतिया-यात्रा का महत्त्व सिर्फ इतना ही नहीं था। सम्भवत: पहली बार वे अपने सपनों के ठिकाने भारतीय गाँवों के दु:ख-दर्द को समझने के लिए निकल रहे थे। गाँव हमेशा उन्हें प्रिय रहे थे। दक्षिण अफ्रीका के फीनिक्स आश्रम में रहते हुए उन्होंने गाँव का जीवन जीने की कोशिश भी की थी। उनकी पहली पुस्तक 'हिन्द स्वराज' भी ग्रामीण जीवन-व्यवस्था की मजबूती से पैरवी करती है। उन्होंने शहर में भी जब-जब अपना ठिकाना बनाया उसका परिवेश ग्रामीण ही रहता था। अहमदाबाद में बन रहा उनका आश्रम भी इसी का नमूना था। मगर अब तक की उनकी तमाम लड़ाइयाँ शहरी परिवेश में लड़ी गई थीं। पहली बार वे ग्रामीण और कृषक मुद्दे की लड़ाई लड़ने जा

रहे थे। मोतिहारी में रहते हुए उनका ज्यादातर वक्त कचहरियों में बीता था। एक ही गाँव जा पाए थे और वहाँ एक घंटा भी नहीं रह पाए थे :

> 22 अप्रैल को तीन बजे की गाड़ी से गांधी जी की टोली बेतिया के लिए निकली। यह विजय-यात्रा थी। रैयतों में गांधी की जीत का पैगाम चला गया था। हर स्टेशन पर फूल और माला लिए लोगों की भीड़ उनके स्वागत के लिए खड़ी रहती। गाड़ी रुकवाकर उनका अभिनन्दन किया जाता। उन पर फूल बरसाए जाते। जयघोष के साथ उनका स्वागत और विदाई होती। दो घंटे बाद रेलगाड़ी बेतिया स्टेशन तक पहुँची।
>
> बेतिया स्टेशन पर गांधी के स्वागत के लिए इतनी बड़ी भीड़ खड़ी थी कि ट्रेन को प्लेटफॉर्म तक ले जाना मुश्किल था। गाड़ी को पहले ही रोकना पड़ा। तीसरे दर्जे की बोगी से जब गांधी उतरे तो जय-जयकार से पूरा इलाका गूँज उठा। इतनी पुष्प-वर्षा हुई कि हर तरफ फूल ही फूल नजर आ रहे थे। ट्रेन से उतरकर घोड़ा गाड़ी पर जब गांधी सवार हुए तो लोगों ने मुजफ्फरपुर वाली ही जिद पकड़ ली। घोड़े खोल दिए गए, लोग खुद गाड़ी खींचने के लिए तैयार हो गए। इस बार गांधी जी ने लोगों की एक न चलने दी। हारकर फिर से घोड़े बाँधने पड़े।
>
> कहा जाता है, उस रोज बेतिया स्टेशन पर दस हजार लोग जमा हुए थे। भीड़ इतनी थी कि घोड़ा गाड़ी को आगे बढ़ाना मुश्किल हो रहा था। पूरे रास्ते में लोग सड़क के किनारे खड़े थे। सब गांधी की एक झलक देख लेना चाहते थे। उनकी सवारी को स्टेशन से हजारीमल धर्मशाला तक पहुँचने में काफी वक्त लग गया। धर्मशाला में जहाँ वे ठहरने वाले थे, उनका भव्य स्वागत किया गया। जब तक गांधी बेतिया में रहे उसी धर्मशाला में ठहरे।

इस बीच मोतिहारी वाली जगह को खाली नहीं किया गया था। वहाँ रैयतों के बयान दर्ज करने का काम पहले की भाँति ही जारी था। यह काम बाबू धरणीधर, राजेन्द्र प्रसाद, अनुग्रह नारायण सिंह, शम्भुशरण वर्मा और रामबहादुर के जिम्मे था। बेतिया जाने वालों में गांधी जी के अलावा ब्रजकिशोर प्रसाद और रामनवमी प्रसाद थे। राजकुमार शुक्ल तो थे ही।

अपनी रीति के मुताबिक गांधी ने 23 तारीख को सबसे पहले बेतिया के मैजिस्ट्रेट डब्ल्यू.एच. लेविस और बेतिया राज के मैनेजर जेटी विटी से मुलाकात की और उन्हें अपने आगमन और कार्य की जानकारी दी। चम्पारण के डीएम

ने पहले ही इन लोगों को सूचित कर दिया था कि मि. गांधी को हर तरह से सहयोग करना है और अपेक्षित जानकारी उपलब्ध कराना है। दोनों ने गांधी से ठीक तरीके से बातचीत की। हालाँकि वे अन्दर से भयभीत थे कि गांधी के आने से इलाके में रैयत उग्र हो जाएँगे और फिर से 1908 जैसे हालात पैदा हो जाएँगे। सम्भवत: मैजिस्ट्रेट ने गांधी से यह अनुरोध भी किया कि वे जिस देहात में दौरे पर जाएँ, मुमकिन हो तो उन्हें भी साथ कर लें।

23 अप्रैल की शाम गांधी अपने दो प्रशंसकों के घर उनके परिजनों से मिलने गए। ये दोनों थे, 'प्रताप' अखबार के विशेष संवाददाता पीर मोहम्मद मुनिस और उन्हें चम्पारण लाने वाले किसान नेता राजकुमार शुक्ल। दरअसल मुनिस की माँ सबजुन खातून काफी बूढ़ी हो गई थीं। मगर उनके मन में गांधी को एक बार देखने की बड़ी लालसा थी। जब इस बात का पता गांधी को चला तो राजकुमार शुक्ल को साथ लेकर वे खुद मुनिस के घर पहुँच गए और माता जी से मुलाकात की। जब वहाँ से वे लौटने लगे तो उस किराए के मकान की तरफ भी गए, जहाँ राजकुमार शुक्ल का परिवार उन दिनों रहता था। बेलवा कोठी के मालिक एम्मन के रोज-रोज के अत्याचारों से तंग आकर शुक्ल अपने घर वालों को बेतिया ले आए थे। शुक्ल की पत्नी केवल देवी ने जब गांधी को देखा तो उनकी आँखों से आँसू बहने लगे। वे अपने पति के सपने को, दो साल से चली आ रही जिद को पूरा होता देख रही थीं। अगले दिन 24 अप्रैल से गांधी की ग्राम-यात्रा शुरू हो गई।

यात्रा की शुरुआत लौकरिया गाँव से हुई। उस यात्रा में गांधी के साथ ब्रजकिशोर बाबू और बेतिया के मैजिस्ट्रेट मि. लेविस भी थे। वहाँ गांधी ने मजदूरों से पूछताछ की कि कोठी से उन्हें कितनी मजदूरी मिलती है। लेविस के सामने रहने पर भी रैयत घबरा नहीं रहे थे। सब कुछ सच-सच बता रहे थे।

ब्रजकिशोर बाबू बहुत सख्ती से पूछताछ कर रहे थे। इस प्रक्रिया को देखकर लेविस असन्तुष्ट हो गए और बीच में ही उठकर चले गए। इस दौरान गांधी किसान नेता खेनहर राय के घर पर भी गए। बेरिया कोठी के मैनेजर मि. एच. गेल से भी मुलाकात की। रात के वक्त जाँच पूरी होने पर गांधी वहाँ से पैदल ही लौट आए।

26 अप्रैल को गांधी रामनवमी प्रसाद के साथ कुड़िया गाँव गए। उस गाँव की दशा ने गांधी को हिलाकर रख दिया। गाँव में हर तरफ नील ही नील के

पौधे नजर आ रहे थे। जबकि कई लोगों के घरों में खाने के लिए मुट्ठी भर अनाज तक नहीं था।

27 अप्रैल को तय हुआ कि राजकुमार शुक्ल का इलाका देखा जाए। इस यात्रा में गांधी और राजकुमार शुक्ल तो थे ही, ब्रजकिशोर प्रसाद, रामनवमी प्रसाद और गोरखपुर से गांधी की सहायता के लिए आए विंध्यवासिनी प्रसाद भी थे। यात्रा सुबह ही शुरू हुई। नरकटियागंज स्टेशन पर उतरकर ये लोग मुरली भहरवा गाँव की तरफ पैदल ही चल पड़े, जो वहाँ से 6–7 मील की दूरी पर था।

सुबह दस बजे सभी लोग मुरली भहरवा गाँव पहुँचे। वहाँ राजकुमार शुक्ल ने अपना घर सब लोगों को दिखाया, जिसे पिछले महीने बेलवा कोठी के सिपाहियों के कोप का भाजन बनना पड़ा था। घर उजड़ा हुआ था, अनाज रखने वाली कोठियाँ उल्टी पड़ी थीं। केले के पेड़ों को तितर-बितर कर दिया गया था। खेत मवेशियों से चरवा दिए गए थे। जब गांधी ने यह सब देखा तो बहुत दुःखी हुए। उनके सामने गाँव के सैकड़ों लोगों ने लूटपाट की बात की पुष्टि की।

इसके बाद उनकी टोली एसी एम्मन से मिलने बेलवा कोठी गई। इन मुलाकातों में रात हो गई। फिर टोली राजकुमार शुक्ल के मित्र सन्त भगत के घर अमोलवा गाँव गई, जो बेलवा के करीब ही था। रात वहीं गुजरी और सवेरे ट्रेन से वे लोग बेतिया लौट आए। बाद में राजकुमार शुक्ल ने जाँच कमीशन के सामने अपने साथ हुई इस घटना का जिक्र किया था, हालाँकि बेलवा कोठी के मैनेजर ने इस आरोप से इनकार कर दिया।

बेलवा से लौटने के बाद गांधी के पास आँखों देखा काफी अनुभव जमा हो गया था। इन अनुभवों को साझा करने के मकसद से 28 तारीख को उन्होंने फिर से मि. लेविस और मि. विटी से मुलाकात की और उन्हें तीन–चार गाँवों का आँखों देखा हाल कह सुनाया। बातचीत में गांधी ने महसूस किया कि मि. लेविस काफी भयभीत थे। उन्हें लग रहा था कि गांधी का लोगों पर जो असर है, उसकी वजह से अब लोग सरकारी कर्मचारियों की बात सुनना बन्द कर देंगे। हर जगह अराजकता फैल जाएगी और इसका अंजाम काफी बुरा होगा।

उनके भय ने गांधी और उनकी टीम को भी मानसिक रूप से परेशान कर दिया। अभी वे लोग मोरशेड और हेकॉक की कारगुजारियों से उबरे ही थे।

काम शुरू ही हुआ था कि लेविस महोदय एक और अड़ंगा लगाने में जुट गए थे। उनकी बातों से स्पष्ट था कि वे रिपोर्ट भेजेंगे और इस जाँच को रोकने की सिफारिश करेंगे। ऐसे में अगर जाँच सामग्री को जब्त कर उनकी पूरी टीम को चम्पारण से बाहर चले जाने को कह दिया गया तो उनकी इतने दिनों की मेहनत का क्या होगा! अब तक हजारों रैयतों के बयान दर्ज हो चुके थे। कोई दूसरी टीम अगर आई भी तो अपने काम की शुरुआत कैसे करेगी। इन विचारों ने वहाँ मौजूद सभी लोगों को भयभीत कर दिया। ऐसे में तय हुआ कि उन लोगों ने जितने बयान दर्ज किए हैं और जितने सुबूत इकट्ठा किए हैं, सब की कई प्रतियाँ बना ली जाए।

उन लोगों का अन्दाजा आंशिक तौर पर सच निकला। न सिर्फ मि. लेविस बल्कि प्लांटर्स एसोसिएशन ने और हेकॉक ने भी 27 से 29 अप्रैल के बीच घबराहट भरे कई पत्र लिखे। कुछ पत्र तिरहुत के कमिश्नर मोरशेड को लिखे गए तो एक पत्र हेकॉक ने राज्य मुख्यालय में भी भेजा। हालाँकि इन पत्रों में कहीं खुलकर जाँच बन्द करने की बात नहीं की गई। इन तमाम पत्रों का एक ही आशय था—गांधी व्यक्तिगत रूप से काफी अच्छे व्यक्ति हैं, मगर वे ब्रजकिशोर प्रसाद और राजकुमार शुक्ल जैसे उत्तेजना फैलाने वाले लोगों से घिरे हुए हैं। ऐसे में पूरे इलाके के रैयत काफी उत्तेजित हैं। उन्हें लगने लगा है कि गांधी उनकी रक्षा के लिए आ गए हैं और वे यहाँ से विदेशी नील प्लांटरों को भगाकर ही मानेंगे। ऐसे में स्थिति 1908 से भी बदतर होती जा रही है। नील प्लांटर खुद को काफी भयभीत महसूस कर रहे हैं। उनके लिए काम करना मुश्किल हो रहा है।

इसके बाद तकरीबन सभी लोग एक जैसी सलाह देते कि अगर जाँच ही होनी है, तो सरकारी जाँच कमीशन की नियुक्ति की जाए। भले ही गांधी को उस जाँच एजेंसी का सदस्य बना दिया जाए। मि. गांधी जिस तरह गाँव-गाँव घूमकर जाँच कर रहे हैं, उससे भ्रम फैलने के सिवा कुछ और नहीं हो रहा है।

नील प्लांटरों और स्थानीय अधिकारियों की सरकारी जाँच कमीशन गठित करने की यह माँग काफी हैरतअंगेज थी। अब तक के इतिहास में जाँच कमीशन गठित करने की माँग हमेशा रैयतों और उनके समर्थकों ने की थी। बंगाल से लेकर तिरहुत तक और फिर चम्पारण में 1868 से लेकर उस वक्त तक का इतिहास यही बताता है। यह अंगरेजों द्वारा इस इलाके में की जाने

वाली नील की खेती के सवा सौ साल से अधिक के इतिहास में पहला अवसर था, जब नील प्लांटर खुद कह रहे थे कि सरकार जाँच कमीशन बिठाकर जाँच कर ले।

प्लांटर्स एसोसिएशन द्वारा लिखे गए पत्रों में कहा गया कि गांधी द्वारा जाँच किए जाने से लोगों में गलत सन्देश जा रहा है। लोगों के बीच यह अफवाह है कि ब्रिटिश सरकार भारत को आजाद करने जा रही है और अब गांधी ही देश चलाएँगे। गांधी को चम्पारण मामले की जाँच करने इसलिए भेजा गया है कि वे यूरोपीयों को कसूरवार ठहराकर देश से भगा सकें। प्लांटरों ने यह आरोप भी लगाया कि गोरले भी गांधी को सहयोग कर रहे हैं। उन्होंने कहा कि एक प्राइवेट व्यक्ति की जाँच से बेहतर है, सरकार खुद जाँच करे।

यह पत्र चम्पारण आन्दोलन का महत्त्वपूर्ण पड़ाव था और गांधी के सत्याग्रह की सफलता का उदाहरण भी। एक अकेले निहत्थे इनसान ने ब्रिटिश साम्राज्य और अंगरेज प्लांटरों के शोषण तंत्र की बुनियाद हिलाने का तरीका ढूँढ़ लिया था। मोतिहारी की कचहरी में मिली जीत के बाद यह एक तरह से गांधी की प्लांटरों और स्थानीय अधिकारियों पर मनोवैज्ञानिक बढ़त थी।

हालाँकि इन पत्रों का एक बड़ा आशय यह भी था कि नील प्लांटरों को समझ में आ गया था कि गांधी अगर चम्पारण में टिके रह गए तो नील की खेती का और उनकी राजशाही का खत्म होना तय है। इसलिए उन लोगों ने एकजुट होकर पूरी ताकत गांधी को इस इलाके से बाहर करने में लगा दी। इसी वजह से 2 मई को मोतिहारी में प्लांटर्स एसोसिएशन की बैठक हुई जिसका इकलौता एजेंडा गांधी की चम्पारण में मौजूदगी और उनकी वजह से हो रही परेशानी था। खास बात यह है कि स्थानीय प्रशासनिक अधिकारी भी इस इलाके में गांधी की मौजदूगी से उतने ही परेशान थे। उन्हें लगता था कि गांधी की मौजूदगी और सक्रियता के कारण चम्पारण में उनकी पकड़ लगातार कमजोर हो रही है। लेविस के पत्र में भी ऐसे कई संकेत मिलते हैं। एक बन्दूक वाली घटना का जिक्र है। किसी जगह गांधी द्वारा रैयतों से की जा रही पूछताछ के दौरान कुछ शेख बन्दूक लेकर खड़े थे। प्रशासन ने बन्दूक जब्त करवा ली। बाद में लेविस को जगह-जगह यह सुनने को मिला कि गांधी बन्दूकें वापस दिला देंगे।

इस मसले को लेकर भी खूब पत्राचार हुआ। लेविस ने उन अफवाहों के बारे में विस्तार से अपने पत्र में लिखा है, जो उन्हें गांधी को लेकर सुनने को

मिले थे। लेविस के मुताबिक रैयतों को लगता था कि गांधी उन्हें मुक्ति दिलाने आए हैं। इधर नील प्लांटरों का आरोप था कि गांधी की वजह से रैयतों ने उनकी बात माननी बन्द कर दी है, उनसे डरना बन्द कर दिया है। एक अफवाह यह भी थी कि मई के आखिर तक चम्पारण की तमाम नील फैक्टरियाँ बन्द हो जाएँगी और गांधी नील की खेती को हमेशा के लिए खत्म कर देंगे।

बाद के दिनों में गांधी के इसी चरित्र ने हर जगह अंगरेजों को परेशान किया। शरीर से सीकिया दिखने वाले गांधी हर बार कुछ ऐसा कर देते कि लोगों को विश्वास होने लगता कि इस व्यक्ति में कुछ अलौकिक शक्तियाँ हैं। इसमें देवत्व देखने वाले कम नहीं थे। ऐसे लोगों को लगता था कि गांधी चाहे तो कुछ भी कर सकते हैं। उन्हें लगता था कि वे किसी ऐसे व्यक्ति की छत्रछाया में आ गए हैं कि अब कोई उनका कुछ भी नहीं बिगाड़ सकता। अब उनके दु:खों का अन्त बहुत नजदीक है। यह भाव उन्हें निडर बना देता। जिन अंगरेजों को देखकर लोगों को सिहरन हो जाती थी, गांधी की मौजूदगी में वे उन्हीं फिरंगियों के सामने डटकर खड़े हो जाते और आँखों में आँखें डालकर जवाब देते।

कई बार रैयतों के बयान दर्ज करने के मामले में भी ऐसा हुआ। वहाँ अधिकारी या नील प्लांटर भी बैठे रहते तो भी लोग नील प्लांटरों की और प्रशासन की गलतियाँ बताने में हिचकते नहीं थे। यह बदलाव निश्चित तौर पर प्रशासन और प्लांटर दोनों के लिए परेशान करने वाला था। उन्हें लगता था, जिस तरह 1906 में रैयतों ने ब्लूमफील्ड को घेरकर मार डाला या जिस तरह 1908 में लोगों ने एकजुट होकर नील की खेती करने से इनकार कर दिया। वही दौर कहीं फिर से न आ जाए। कई पत्रों में बार-बार इस तरह के दृष्टांत दिए गए और बिहार और उड़ीसा की सरकार से यह अनुरोध किया जाने लगा कि या तो इस इकतरफा जाँच को बन्द करवाया जाए या अगर जरूरी हो तो सरकारी जाँच कमीशन का ही गठन किया जाए।

2 मई को मोतिहारी में हुई नील प्लांटरों की बैठक में भाग लेने गांधी भी वहाँ पहुँचे थे। अगले दिन उन्होंने चम्पारण के डीएम हेकॉक से मुलाकात की और अपनी जाँच की स्थिति से अवगत कराया। इस दौरान उन्होंने तवान, बेसी सलामी और बैलगाड़ी वालों को दी जाने वाली मजदूरी के सम्बन्ध में भी सवाल उठाया। हालाँकि इन सबका कोई नतीजा नहीं निकला। 3 मई को ही

वे बेतिया लौट आए। 5 मई को बिहार प्लांटर्स एसोसिएशन की एक बैठक हुई, जिसमें उन लोगों ने गांधी की जाँच पर सख्त ऐतराज जताया और उस बैठक की रिपोर्ट तिरहुत के कमिश्नर मोरशेड को भेजी। इस रिपोर्ट में कहा गया कि अगर ऐसा फैसला हुआ था कि गांधी को जाँच करने देना है तो उन्हें भी इस बारे में सूचित करके विश्वास में लिया जाना चाहिए था। उन्होंने कहा कि चूँकि इस वक्त ज्यादातर लोग विश्वयुद्ध के लिए सरकार को अपनी सेवाएँ देने में व्यस्त हैं, इसलिए यह वक्त इस तरह के मसलों की जाँच का नहीं है। जाँच तत्काल बन्द कराई जाए। अगर यह मुमकिन नहीं तो इस जाँच के बदले सरकारी जाँच शुरू की जाए। इन लोगों ने राँची जाकर भी लेफ्टिनेंट गवर्नर से मुलाकात की और उन्हें अपनी समस्या बताई। मुजफ्फरपुर के यूरोपियन डिफेंस एसोसिएशन ने कलकत्ता जाकर भारत सरकार के प्रतिनिधियों के सामने आपत्ति दर्ज करायी।

आखिरकार 6 मई को बिहार और उड़ीसा प्रान्त के मुख्य सचिव डब्ल्यू. मौड ने राँची से गांधी को टेलीग्राम देकर सूचित किया कि 10 मई को वे बाँकीपुर (पटना) में रहेंगे। गांधी वहाँ आकर उनसे मुलाकात कर लें। मि. मौड ने 9 मई को मि. मोरशेड, मि. लेविस, मि. हेकॉक और मि. विटी को भी मिलने के लिए बुलाया था। सम्भवत: वे पहले अपने लोगों से समुचित राय ले लेना चाहते थे। उसके बाद गांधी से बात करना चाहते थे। इन लोगों ने मौड को सुझाव दिया कि मौजूदा स्थिति में सरकारी जाँच शुरू करवाने का कोई औचित्य नहीं है। बेहतर है कि गांधी से अब तक की जाँच के आधार पर रिपोर्ट की माँग की जाए, ताकि यह समझा जा सके कि जाँच की जरूरत है भी या नहीं। यह बात भी सामने आई कि गांधी ने सम्भवत: एक प्रस्ताव नील प्लांटरों के सामने रखने का मन बनाया है और उनका कहना है कि अगर प्लांटर उनका प्रस्ताव मान लेते हैं तो वे जाँच बन्द करके चम्पारण छोड़कर चले जाएँगे।

9 मई को सुबह की ट्रेन से ही गांधी ब्रजकिशोर बाबू के साथ बाँकीपुर के लिए निकल पड़े। उस रोज भी यात्रा के दौरान गांधी का हर स्टेशन पर वैसा ही स्वागत हुआ, जैसा अब तक होता रहा था। ट्रेन शाम के वक्त बाँकीपुर स्टेशन पहुँची। उस वक्त बहुत जोरों की बारिश हो रही थी, फिर भी कई हजार लोग पानी में भीगते हुए गांधी का स्वागत करने के लिए वहाँ मौजूद थे। उनकी रात हक साहब के घर पर गुजरी।

अगली सुबह उन्होंने मि. मौड से मुलाकात की। पहले उन्होंने चम्पारण की उन परिस्थितियों की तस्वीर उनके सामने खींची जो उनके सहयोगियों ने उनके सामने पेश की थी। बातचीत के दौरान मि. मौड ने अपना मुख्य ध्यान गांधी के सहयोगियों पर रखा। उन्होंने कहा कि आप तो अच्छे हैं, मगर आपके इन सहयोगियों के बारे में हमारे पास अच्छी रिपोर्ट नहीं है। ये रैयतों के बीच जाकर गलत सूचनाएँ देते हैं और अफवाह फैलाते हैं। इसलिए कृपया इन्हें चम्पारण छोड़ देने के लिए कहें। इस पर गांधी ने कहा, उनके साथ काम करने वाले लोग किसी भी सूरत में राजद्रोही या अशान्ति फैलाने वाले नहीं हैं, मैं उन्हें चम्पारण से हटा नहीं सकता, अपना साथ छोड़ने के लिए नहीं कह सकता।

मौड ने यह प्रसंग भी उठाया कि क्या गांधी नील प्लांटरों को कोई प्रस्ताव देने वाले हैं। इस पर गांधी ने कहा, हाँ, मैंने ऐसा सोचा था कि अगर प्लांटर मेरा प्रस्ताव मान लेते हैं तो मैं जाँच के कागजात फाड़कर फेंक दूँगा और यहाँ से चला जाऊँगा। मगर अब मेरा विचार बदल गया है। मौड ने भी इस राय का समर्थन किया कि गांधी को प्लांटरों के बदले सरकार को प्रस्ताव देना चाहिए। क्योंकि प्लांटर अपने वायदे पर कब तक कायम रहेंगे, इसकी गारंटी नहीं है।

मौड ने उस जानकारी का भी जिक्र किया, जिसके मुताबिक यह कहा जा रहा है कि चम्पारण के बाद गांधी मुजफ्फरपुर और दरभंगा में भी किसानों की समस्या की जाँच करना चाहते हैं। जवाब में गांधी जी ने कहा कि फिलहाल उनका ऐसा कोई इरादा नहीं है। हालाँकि वे घूमने और उस इलाके को समझने के इरादे से वहाँ जरूर जा सकते हैं। अन्त में यह तय हुआ कि गांधी अब तक की जाँच के आधार पर एक संक्षिप्त रिपोर्ट बनाकर उन्हें भिजवा दें और भले जाँच जारी रखें, मगर उसकी प्रक्रिया में बदलाव कर लें।

गांधी ने बेतिया पहुँचकर अपनी अब तक की जाँच से सम्बन्धित प्राथमिक रिपोर्ट तैयार करवाई और उसे महज दो दिन बाद 12 मई को मि. मौड के पास भेज दिया। इस रिपोर्ट के प्रमुख अंश निम्नलिखित हैं :

> शुरुआत में ही यह कहना चाहूँगा कि मि. मौड ने यह इच्छा प्रकट की थी कि मैं अपने उन वकील दोस्तों को, जो हमारी जाँच में सहायता दे रहे हैं, यहाँ से हटा दूँ। इस बात से मेरे दिल को गहरी चोट पहुँची है। मेरे यहाँ

आने के वक्त से यह बात कही जाती है कि मेरे यहाँ रहने से कोई हानि नहीं है, मेरी सच्चाई पर किसी को सन्देह नहीं है। लेकिन मेरे वकील दोस्तों की मौजूदगी से स्थिति अनियंत्रित हो जाने का खतरा है। इस बात पर मेरा अनुरोध है कि अगर आपको लगता है कि मैं स्वयं शालीनता से काम कर सकता हूँ, तो इस बात पर भी आप भरोसा करें कि मैं अपने लिए उपयुक्त सहयोगी भी चुन सकता हूँ। मेरे सामने जो महान लक्ष्य है, उसे पूरा करने में इन योग्य उत्साही और सम्माननीय लोगों की सहायता पाना मेरे लिए सौभाग्य की बात है। इन्हें छोड़ देने का मतलब इस काम को ही छोड़ देना होगा। ऐसे में जब तक इन लोगों के खिलाफ कोई अनुचित बात साबित नहीं होती है, तब तक इन्हें हटाना ठीक नहीं। वैसे मुझे यह नहीं लगता है कि मेरे या मेरे साथियों के कारण यहाँ अव्यवस्था है। यहाँ की अव्यवस्था की असली वजह वही है, जो यहाँ के रैयतों और नील प्लांटरों के बीच वैमनस्य की वजह है। अगर इस वजह को हटा दिया जाए तो अव्यवस्था खुद-बखुद खत्म हो जाएगी।

नील की खेती दो प्रकार से कराई जाती है, पहली तिनकठिया, दूसरी खुश्की। तिनकठिया प्रथा अधिक प्रचलित है और यह लोगों के कष्ट की सबसे बड़ी वजह है। इसके जरिये पहले सिर्फ नील की खेती करायी जाती थी, पर बाद में दूसरी फसलें भी कराई जाने लगीं। लोगों के बीच ऐसी धारणा बन गई है कि प्रत्येक रैयत को एक बीघे में से तीन कट्ठा जमीन पर मालिक की ख्वाहिश के मुताबिक कोई भी फसल पैदा करना होगा। लोग इस प्रथा का लगातार विरोध करते रहे हैं। मगर यह उनसे जबरदस्ती कराई जाती है। उनको पूरी मजदूरी भी नहीं दी जाती है। जब कृत्रिम नील की वजह से यहाँ की नील का दाम घट गया, तब नील प्लांटरों ने नील के सट्टे को रद्द करने की कोशिश शुरू कर दी। इस कारण उनका जो नुकसान हुआ, उसकी भरपाई के लिए रैयतों पर तरह-तरह के नाजायज टैक्सों का बोझ लाद दिया गया। ठेके के गाँवों में तवान वसूल किया गया, इसका मतलब यह कि नील की खेती से छुटकारा पाने के लिए रैयतों से एक बीघा के पीछे 100 रुपए तक वसूल किया गया। जो इस रकम को नहीं दे पाए, उनसे 12 रुपए प्रति सैकड़ा माहवारी सूद की दर से हैंडनोट और रेहननामा लिखवा लिए गये। जिसमें तवान का जिक्र न लिखकर यह लिखा गया कि इन लोगों ने अपने किसी जरूरी काम की वजह से यह रकम उनसे उधार ली है। मुकर्ररी गाँव में रैयतों

से शरहबेशी का सट्टा लिखवा लिया गया। अर्थात नील से छुटकारा देने के बदले उनकी मालगुजारी बढ़ा दी गई। सर्वे रिपोर्ट के अनुसार 5955 जोतों पर, जिनकी मालगुजारी पहले 53,865 रुपए थी, उसमें 31,062 रुपए की बढ़ोतरी दर्ज की गई है। जिन कोठियों ने तवान वसूल नहीं किया है, वहाँ वे रैयतों से बलात जौ, गन्ना और दूसरी फसलें तिनकठिया के तहत करवाते हैं। तिनकठिया प्रथा के अनुसार रैयत को अपनी सबसे उपजाऊ जमीन कोठी वालों को देनी पड़ती है, उन्हें अपना सबसे बहुमूल्य समय तथा अपनी मेहनत उनके फसलों की आबादी के लिए देनी पड़ती है। इस कारण दूसरी फसलों के लिए, जो उनकी जीविका का आधार हैं, वे बहुत कम समय दे पाते हैं। रैयतों से गाड़ी का सट्टा जबरदस्ती लिखवा लिया गया है और कोठी मजदूरी इतना कम देती है कि उससे खर्च भी नहीं चल सकता। रैयतों से बहुत कम मजदूरी पर जबरदस्ती काम लिया जाता है और छोटे-छोटे बच्चे से भी उनकी इच्छा के विरुद्ध काम कराया जाता है। कोठी रैयतों के हल-बैल को अपनी जमीन जोतने के लिए एक साथ कई दिन तक जबरदस्ती रख लेती है और सिर्फ नाम की मजदूरी देती है। जो मजदूरी मजदूरों को दी जाती है, उसमें से कोठी के कम तनख्वाह वाले कर्मचारी दस्तूरी काट लेते हैं, जो मजदूरी का पाँचवाँ हिस्सा होती है।

कितने ही गाँव में चमारों को जानवरों की खाल कोठी को देने के लिए बाध्य किया जाता है। कई कोठियों ने चमड़े के गोदाम खोल लिए हैं। जिन्होंने कोठियों के विरुद्ध सर उठाया, उनसे नाजायज जुर्माना के तौर पर बड़ी रकम वसूल की जाती है।

मेरे सामने जो सुबूत गुजरा है, उससे मालूम होता है कि रैयतों को दबाने के लिए कोठी वालों ने उनका माल फाटक में रख दिया है। उन पर सिपाही तैनात किए हैं। धोबी, हज्जाम, बढ़ई, लोहार आदि बन्द कर दिए गए हैं। गाँव के कुएँ से पानी और परती में गाय चराने पर रोक लगा दी गई है। दीवानी और फौजदारी मुकदमे चलाये गए हैं अथवा दूसरे लोगों से दायर करवाए गए हैं। रैयतों के साथ मारपीट की गई है और उन्हें बन्द रखा गया है। नील प्लांटर अदालत जैसी देशों की संस्थाओं की मदद अपनी इच्छानुसार रैयतों को दबाने के लिए करते रहे हैं। जरूरत पड़ने पर उन लोगों ने कानून का विचार नहीं किया। इन सब का नतीजा यह निकला कि रैयत काफी लाचार हो गया। मैंने हिन्दुस्तान के किसी प्रान्त में, जहाँ-जहाँ

मुझे जाने का अवसर मिला है, ऐसी दुर्दशा कहीं नहीं देखी है। नील प्लांटर डिस्ट्रिक्ट बोर्ड के मेम्बर और चौकीदारी के असेसर हैं। रैयतों पर इन सब बातों का असर पड़ता है। जिन सड़कों को बनाने के लिए रैयत आधा आना के हिसाब से टैक्स देते हैं, वह उनके काम नहीं आती। उनकी बैलगाड़ी जिन्हें इन सड़कों की अधिक आवश्यकता है, उन सड़कों पर चल नहीं पाती।

मुझे यह भी मालूम है कि कुछ हिन्दुस्तानी जमींदारों के सम्बन्ध में यही बातें कही जा सकती हैं। उनके विरुद्ध भी वही कार्रवाई होनी चाहिए, जो इन पर होनी चाहिए। इसमें कोई सन्देह नहीं है कि नील प्लांटरों ने इस पूरी प्रथा को हिन्दुस्तानी जमींदारों से सीखा है। मगर साथ ही उन्होंने अपनी बुद्धि और उचित स्थिति द्वारा इस कुप्रथा को वैज्ञानिक रूप दे दिया दिया है।

बुराई दो प्रकार की होती है। एक जो हो चुकी है और दूसरी जो रोज हो रही है। मेरे हिसाब से दूसरी बुराई को तत्काल रोका जाना चहिए। जैसे अबवाब, तवान और शरहबेशी की पाबन्दी जो गैरकानूनी है, खत्म होनी चाहिए। इसकी घोषणा पर्चा निकालकर की जानी चाहिए। लोगों को यह बताना चाहिए कि मालिक के लिए मजदूरी करने की पाबन्दी नहीं। यह भी कि नील, गन्ना और किसी भी फसल की खेती रैयतों की मर्जी के बगैर नहीं कराई जा सकती। बेतिया राज की तरफ से नया ठेका तब तक जारी न हो, जब तक इन बुराइयों को खत्म न कर दिया जाए। नए ठेके में रैयतों के हक से जुड़ी शर्तें रहें। दस्तूरी लेने का रिवाज बन्द कर दिया जाए।

अन्त में मैं यह कहना चाहता हूँ कि मैं किसी प्रकार से नील प्लांटरों को दु:खी नहीं करना चाहता। आपने मेरे साथ अच्छा व्यवहार किया है, मेरा विश्वास किया है। मगर रैयतों पर जो जुल्म हो रहा है, उससे उन्हें शीघ्र छुटकारा मिलना चाहिए। इसी विचार से मैंने जहाँ तक हो सका, इस प्रथा की आलोचना की है। मैं इस काम में इस सोच के साथ शामिल हुआ हूँ कि नील प्लांटर अंगरेज होने के कारण जिस व्यक्तिगत स्वतंत्रता का उपभोग जन्म से ही करते रहे हैं, वही स्वतंत्रता रैयतों को देने में वे कर्तव्य से विमुख नहीं होंगे।

अभी गांधी ने अद्यतन जाँच रिपोर्ट भेजी ही थी, उसका जवाब भी नहीं आया था, सरकार ने सम्बन्धित लोगों से इस रिपोर्ट पर टिप्पणियाँ ही माँगी थीं कि नील प्लांटरों ने उन्हें और उनके साथियों को दूसरे झमेले में उलझाना शुरू कर दिया। अचानक चम्पारण की नील की कोठियों में आग लगनी शुरू हो गई। दिलचस्प बात यह हुई कि आग हमेशा कोठी के ऐसे हिस्से में लगती, जहाँ नुकसान बहुत कम होता। पहली बार आग 1 मई को तुरकौलिया कोठी की शाखा ओलहा कोठी के आउटहाउस में लगी। 11 मई को इस घटना की सूचना एसोसिएटेड प्रेस से जारी करवाई गई और अखबारों में यह खबर छपी कि इस आग से हजारों का नुकसान हुआ है और प्लांटर का मानना है कि यह आग जानबूझकर लगाई गई है। इशारा यह था कि गांधी की मौजूदगी की वजह से इलाके में जो उत्तेजना फैली है, यह अग्निकांड उसी का नतीजा है। गांधी ने इस मनगढ़न्त आरोप का जवाब अपने तरीके से दिया।

उन्होंने अपने और चम्पारण के डीएम हेकॉक के बीच हुआ पत्राचार एसोसिएटेड प्रेस को भिजवा दिया। जिसमें हेकॉक ने यह स्वीकार किया था कि तुरकौलिया की फैक्टरी जली नहीं थी, बल्कि आउटहाउस जला था। यह सूचना उन्होंने प्रेस द्वारा इस अग्निकांड के पीछे गांधी को वजह बताने वाली खबर जारी करने के जवाब में उन्हें उपलब्ध कराई थी। बाद में कई अखबारों में दोनों के पत्र ज्यों के त्यों प्रकाशित हुए।

तुरकौलिया अग्निकांड में गांधी को फँसाने की चाल नाकाम हो गई तब उन्हें दूसरे तरीके से लपेटने की कोशिश की गई। धोकराहा कोठी के मालिक एके होल्टम ने उन्हें खुद अपनी कोठी के इलाके में जाँच के लिए बुलवाया। उन्होंने कहा कि गांधी खुद आकर देख लें कि उनकी कोठी के बारे में जो कहा जाता है, वह सही है या गलत। होल्टम पर आरोप था कि उन्होंने रैयतों के साथ शरहबेशी का एग्रीमेंट तो किया ही, थोड़ी-थोड़ी जीरात की जमीन भी उसमें जोड़ दी और उसके आधार पर मालगुजारी की दर और बढ़ा दी।

तय हुआ कि 16 मई को गांधी, डॉ. राजेन्द्र प्रसाद और जेबी कृपलानी उस कोठी के मातहत आने वाले सरिसवा गाँव जाएँगे। वे लोग सुबह-सवेरे पैदल ही निकल गए और आठ बजे तक सरिसवा बाजार पहुँच गए। उस वक्त तक काफी रैयत वहाँ जमा हो चुके थे, रैयतों ने बताया कि होल्टम ने कुछ लोगों को पढ़ा-लिखा कर तैयार किया है कि वे उनके पक्ष में बोलें। थोड़ी देर में

होल्टम भी वहाँ पहुँच गए और बेतिया के सब डिविजनल मैजिस्ट्रेट लेविस भी अपनी कार से आ गए।

उस रोज वहाँ कई दिलचस्प बातें हुईं। पहले तो होल्टम ने अपनी बात यह कहकर शुरू की कि उन्होंने जबरदस्ती किसी को जीरात की जमीन नहीं दी है, लोगों ने स्वेच्छा से जमीन ली है। अपनी बात की पुष्टि के लिए उन्होंने एक बुजुर्ग व्यक्ति को खड़ा कर दिया। वह व्यक्ति उनकी ही कही बात को दुहराने लगा। मगर यह सुनकर बाकी रैयत आग-बबूला होने लगे—बुढ़ापे में झूठ बोलकर क्यों अपने सिर पर पाप की गठरी लाद रहे हो। उन लोगों ने सख्ती से इस बात का प्रतिवाद किया कि उन्होंने खुद माँग कर जमीन ली है।

इस पर गांधी ने कहा कि अगर अपनी मरजी से आप लोगों ने जमीन नहीं ली है तो क्या इसे होल्टम साहब को वापस कर देंगे? इस सवाल पर ज्यादातर रैयतों ने एक सुर में कहा, हाँ कर देंगे। यह सुनकर होल्टम गड़बड़ाने लगे। मगर गांधी कहाँ छोड़ने वाले थे। तय हो गया कि जो लोग जमीन वापस करना चाहते हैं, वे अगले दिन आकर जीरात की जमीन का इस्तीफा सौंप दें।

लोग इतने निर्भय हो गए थे कि लेविस साहब की शिकायतें भी उनके सामने ही गांधी से करने लगे। फिर उन लोगों का नाम लिखा गया, जो जमीन वापस करने के लिए तैयार थे। इसमें शाम के छह बज गए। रात नौ बजे वे लोग वापस बेतिया लौट आए। अगले दिन बड़ी संख्या में रैयत बेतिया पहुँचे और उन्होंने अपनी जमीन का इस्तीफा गांधी को सौंप दिया। इस्तीफा सौंपने वाले रैयतों की संख्या पाँच सौ से अधिक थी। गांधी ने तमाम इस्तीफे होल्टम के पास भिजवा दिए। इस घटना से होल्टम मन ही मन बौखला गया।

18 मई को धोकराहा कोठी के एक छोटे-से मकान में भी आग लग गई। वह जलकर राख हो गया। रैयत वहाँ से उसी वक्त भागे-भागे बेतिया आए और गांधी से कहा कि यह आग कोठी वालों ने खुद लगा ली है, ताकि रैयतों को और गांधी को बदनाम किया जा सके। गांधी ने इस बार सतर्कता बरती और तत्काल विंध्यवासिनी प्रसाद वर्मा को वहाँ भेजकर वस्तुस्थिति का पता लगवाया और पूरी रिपोर्ट बनाकर अधिकारियों को भेज दी।

धोकराहा कोठी में हुए अग्निकांड को प्लांटरों ने फिर से मसला बनाना शुरू कर दिया। बिहार प्लांटर्स एसोसिएशन ने पत्र लिखकर सरकार को सूचित किया कि ऐसा गांधी के आने के बाद से ही हो रहा है। सरकार युद्ध के गाढ़े वक्त में प्लांटरों की सुरक्षा करने में लापरवाही बरत रही है। जबकि प्लांटर युद्ध में सरकार को हरसम्भव मदद देने की कोशिश कर रहे हैं। इस सम्बन्ध में खुफिया विभाग ने भी एक रिपोर्ट सरकार को भेजी जिसमें चम्पारण की स्थिति को विस्फोटक बताया गया।

गांधी को फिर से हेकॉक को लिखना पड़ा कि उनका तरीका हिंसा का नहीं है और न ही उनके समर्थक ऐसा कर सकते हैं। रैयत बताते हैं कि यह काम कोठी वाले खुद कर रहे हैं। उन्होंने सरिसवा में और उसके बाद धोकराहा कोठी के लोगों से हुई चर्चा और इस्तीफे के आवेदन के बारे में तैयार रिपोर्ट को भी इस पत्र के साथ भेज दिया ताकि इस अग्निकांड के पीछे के राज को समझा जा सके।

मगर प्लांटरों ने तो तय कर लिया था कि इन मुद्दों को उछालकर गांधी की मौजूदगी को चम्पारण के लिए खतरनाक साबित कर देना है। ताकि वे जाँच को अधूरा छोड़कर चले जाएँ। मगर गांधी ने हेकॉक को साफ कह दिया कि अब वे इस काम को अधूरा छोड़कर जाने वाले नहीं हैं। हालाँकि पूरे मई महीने में इन कोठियों में आग लगने की घटनाओं पर स्थानीय अधिकारी आपस में चिट्ठीबाजी करते रहे। प्लांटर इसे मुद्दा बनाकर स्थानीय अधिकारियों से गांधी को चम्पारण से बाहर भेजने की माँग करते रहे। बिहार-उड़ीसा सरकार के अधिकारियों ने भी कई दफा यह मुद्दा भारत सरकार के होम डिपार्टमेंट को भेजा। मगर उधर से गांधी के खिलाफ कार्रवाई करने का कोई निर्देश नहीं आया।

21 मई को बेतिया राज के मैनेजर जेटी विटी ने बिहार-उड़ीसा सरकार के एक्सीक्यूटिव काउंसिल के सदस्य डब्ल्यू. मौड को जो पत्र लिखा, उससे जाहिर होता है कि किस तरह चम्पारण और बिहार का यूरोपीय समुदाय गांधी के खिलाफ एकजुट हो गया था। विटी ने लिखा :

> गांधी यहाँ चल रहे आन्दोलन के केन्द्र बिन्दु बन गए हैं। लोग अब उन्हें नया मालिक कहने लगे हैं। उन्होंने अब बेतिया की महारानी की सेहत से सम्बन्धित मसलों में भी दिलचस्पी लेना शुरू कर दिया है। इस बावत उन्होंने एक वकील

> को इलाहाबाद भी भेजा है, ताकि वह वहाँ से सब पता कर आए। गांधी की वजह से यहाँ काफी तनाव है। उन्हें चम्पारण से बाहर भेज देना ही सही रहेगा।

मई महीने में जाँच कमिटी के सवाल पर अखबारों में खूब जुबानी जंग चली। प्लांटरों ने इस मसले पर ब्रिटिश समर्थित अखबारों की मदद लेनी शुरू कर दी। इलाहाबाद से छपने वाला अखबार 'पायोनियर' इनमें अगुआ था। 'पायोनियर' ने 15 मई को लिखा :

> हमारा मानना है कि बिहार सरकार को प्लांटरों और रैयत के बीच के मतभेदों का पता लगाने के लिए एक जाँच आयोग की नियुक्ति कर देनी चाहिए। यह समझ पाना मुश्किल है कि आखिर मि. गांधी की जाँच से क्या हासिल होगा? पर अगर कोई निष्पक्ष जाँच कमीशन बैठे, भले इसमें कुछ गैरसरकारी लोग भी हों, अगर यह कमीशन दोनों पक्षों को अपनी बात कहने का पूरा अवसर दे, तो इसका नतीजा सकारात्मक होगा।

'मद्रास मेल' ने लिखा :

> भले ही दक्षिण अफ्रीका में गांधी का काम सराहनीय रहा हो, मगर यहाँ आकर लगता है कि वे गरम दल वालों के फेर में पड़ गए हैं। चम्पारण में उन्होंने काम उस सावधानी के साथ नहीं किया, जिस तरह दक्षिण अफ़्रीका में किया था।

कलकत्ता के 'स्टेट्समैन' ने एक नील प्लांटर जस्टिन के हवाले से लिखा :

> चम्पारण में जब-जब मकान जलाये गए हैं, उसका सम्बन्ध नील प्लांटरों और रैयत के बीच के अनबन से साबित हुआ है। और इसकी वजह अमूमन आन्दोलन करने वाले ही होते हैं। यह अफसोस की बात है कि मि. गांधी को इस तरह की जाँच की इजाजत मिल गई। यदि यह तत्काल बन्द नहीं हुई तो प्लांटरों को और अधिक क्षति होने की खबरें आ सकती हैं।

इन आरोपों का जवाब आजादी के समर्थक अखबारों ने दिया। इलाहाबाद के अखबार 'लीडर' ने लिखा :

> 'पायोनियर' को मि. गांधी की जाँच से कोई फायदा नजर नहीं आता। पर अगर गांधी चम्पारण नहीं गए होते तो क्या 'पायोनियर' सरकार से जाँच

कमीशन नियुक्त करने की बात कहता? क्या इससे पहले कभी उसने इस विषय पर इशारा भी किया था?

लाहौर के अखबार 'द ट्रिब्यून' ने लिखा :

हिन्दुस्तानी जनता को यह पूछने का हक है कि एंग्लो इंडियनों के मुखपत्र को इस विषय में चिन्ता क्यों होने लगी। हमारे इलाहाबाद के सहयोगी को जाँच की जरूरत कब से सूझने लगी। जरूर दाल में कुछ काला है, जिसके जाहिर होने से नील प्लांटरों के हक में रुकावट पहुँचेगी।

'मद्रास मेल' की रिपोर्ट के जवाब में मि. पोलक ने आलेख लिखकर भेजा :

जब आपको उस प्रारम्भिक रिपोर्ट के बारे में पता चलेगा, जो मि. गांधी ने बिहार सरकार को भेजी है, तो आपको धक्का भी लगेगा और जिस ज्ञान पर आपको इतना घमंड है, उसमें भी वृद्धि होगी। अगर मि. गांधी ने असावधान किस्म का आन्दोलन किया होता तो आज सारा हिन्दुस्तान जल रहा होता।

'बिहारी' अखबार ने 30 मई की रिपोर्ट में लिखा :

मि. गांधी के चम्पारण जाने से एंग्लो इंडियन अखबारों में खलबली मची हुई है। उन्होंने उन्हें भला-बुरा कहकर या पीठ ठोककर उनके काम को दबा डालने की चेष्टा की है।

पटना से प्रकाशित होने वाले साप्ताहिक हिन्दी पत्र 'पाटलिपुत्र' ने लिखा :

'पायोनियर' कमीशन बिठाना चाहता है, यह अच्छी बात है, मगर वह यह कैसे कह रहा है कि गांधी जी की जाँच का कोई प्रतिफल नहीं निकलेगा।

कई अखबारों ने यह भी लिखा, अगर कमीशन गठित हो तो उसमें गांधी को भी अवश्य रखा जाए। जब 'पायोनियर' के उठाए गए सवाल पर इतनी बहस होने लगी तो 26 मई को 'पायोनियर' ने फिर लिखा :

चम्पारण के रैयतों के दु:ख-दर्द को समझने के लिए बिहार सरकार ने एक जाँच आयोग गठित करने का प्रस्ताव किया है। फिलहाल वहाँ के हालात ठीक नहीं हैं। कहा जाता है कि चम्पारण में गांधी की मौजूदगी की वजह से लोगों के मन में ऐसी आकांक्षाओं ने जन्म ले लिया है, जो कभी पूरी नहीं हो सकती। इसलिए एक न्यायप्रिय और प्रभावशाली जाँच आयोग का गठन

> जल्द से जल्द किया जाना अब आवश्यक हो गया है। यह कमीशन न सिर्फ नील प्लांटरों और रैयत के सम्बन्धों की जाँच करे बल्कि भारतीय जमींदारों और रैयतों के अन्तरसम्बन्धों की भी पड़ताल करे।

अन्त में गांधी की तरफ से भी सभी अखबारों को एक बयान भेजा गया :

> अगर रोज-रोज की बुराइयाँ तुरन्त रोक दी जाएँ तो तय समय में रिपोर्ट पेश करने वाला एक न्यायप्रिय कमीशन मौजूदा परिस्थितियों में सुधार ला सकता है। इस स्थिति में मेरा और मेरे साथियों का काम सिर्फ कमेटी के सामने सुबूत पेश करना होगा।

ऐसा लग रहा था कि चम्पारण की पूरी लड़ाई ही अब अखबारों के पन्नों पर ही लड़ी जा रही है। ब्रिटिश समर्थक अखबारों ने खुलेआम प्लांटरों का पक्ष लेना शुरू कर दिया था। वहाँ उनके पक्ष में सम्पादकीय प्रकाशित होते। प्लांटरों के लिखे पत्र छापे जाते। और गांधी की टीम के औचित्य पर सवाल उठाया जाता। इनमें 'पायोनियर' सबका अगुआ था। 'मद्रास मेल', 'स्टेट्समैन', 'एसोसिएटेड प्रेस' सहयोगी भूमिका में थे। जबकि इन अखबारों के दुष्प्रचार का जवाब देने और रैयतों का पक्ष रखने का जिम्मा 'लीडर', 'प्रताप', 'बिहारी', 'पाटलिपुत्र' जैसे अखबार सँभाल रहे थे। ये बहुत जोरदार तरीके से 'पायोनियर' और 'स्टेट्समैन' जैसे अखबारों के अफवाह तंत्र को टक्कर दे रहे थे।

जब जाँच समिति के गठन को लेकर अखबारों के बीच तर्क-वितर्क चल रहा था, उसी बीच 29 मई को गांधी के पास राँची से बुलावा आ गया। बुलावे के पत्र में हड़काने वाली भाषा थी, यह इशारा किया गया था कि पिछले दिनों दो कोठियों में आग लगने की घटना हो चुकी है। आपके वहाँ रहने से लगातार स्थिति अनियंत्रित हो रही है। इस सम्बन्ध में बातचीत करने के लिए लेफ्टिनेंट गवर्नर आपको आमंत्रित कर रहे हैं। 4 जून को आप आकर राँची में उनसे मिल लें।

हालाँकि 4 जून की बैठक का एक महत्त्वपूर्ण एजेंडा जाँच कमिटी का गठन भी था, मगर इसे गांधी से अन्त तक छिपाया गया। दरअसल बिहार-उड़ीसा सरकार किसी सूरत में जाँच के लिए तैयार नहीं थी, उसे भारत सरकार के होम डिपार्टमेंट के दबाव में यह फैसला लेना पड़ा था।

यह प्रक्रिया 17 मई से शुरू हुई थी, जब भारत सरकार के गृह विभाग ने टेलीग्राम भेजकर बिहार-उड़ीसा सरकार को कहा कि सरकार को इस बात से ख़ुशी होगी, अगर ऐसी एक जाँच कमेटी बने, जिसमें अधिकारी और गैर अधिकारी लोग शामिल हों और भारत सरकार को उस कमेटी के नतीजों से अवगत कराया जाए।

जवाब में 19 मई को बिहार-उड़ीसा सरकार ने वही घिसा-पिटा उत्तर भेजा कि सेटलमेंट की रिपोर्ट तैयार हो रही है और गांधी की तरफ से भी उनकी जाँच की अद्यतन रिपोर्ट भेजी गई है। ऐसे में नई जाँच कमिटी का गठन बेवजह की समस्याओं को जन्म देगा। हमलोग सेटलमेंट रिपोर्ट और गांधी के नोट्स के आधार पर कार्रवाई का मन बना रहे हैं।

20 मई को बिहार-उड़ीसा के लेफ्टिनेंट गवर्नर सर इ.ए. गेट ने भी भारत सरकार के होम मेम्बर सर विलियम विंसेट को पत्र लिखकर बताया कि जाँच कमिटी के गठन का मतलब ब्रजकिशोर प्रसाद को अनावश्यक प्रचार उपलब्ध कराना होगा। इन्होंने दो साल पहले कौंसिल में यह प्रस्ताव पेश किया था, मगर वह पास नहीं हो पाया था।

24 मई को भारत सरकार के गृह विभाग ने बिहार सरकार को फिर से टेलीग्राम भेजकर जाँच कमिटी नियुक्त करने का निर्देश दिया। इस बार यह निर्देश काफी स्पष्ट था :

> मौजूदा परिस्थितियों के आकलन के लिए एक मजबूत कमिटी गठित होनी चाहिए। भारत सरकार को इस बात से खुशी मिलेगी कि अगर उस कमिटी में मि. गांधी को भी एक सदस्य के रूप में शामिल कर लिया जाए। ताकि इस कमिटी पर नस्लवादी होने का आरोप न लगे। इसका अध्यक्ष भले सरकारी अफसर हो, मगर वह बिहार से बाहर का होना चाहिए। ये सेंट्रल प्रोविंस के कमिश्नर एफ.वाई. स्ले हो सकते हैं। कमिटी में जमींदार, प्लांटर और रैयतों के भी प्रतिनिधि हों।

हालाँकि बिहार-उड़ीसा सरकार में बैठे लोग कमिटी के लिए मानसिक रूप से तैयार नहीं थे। उन लोगों ने 25 मई को लेफ्टिनेंट गवर्नर की अध्यक्षता में काउंसिल की बैठक की और 27 मई को अनिच्छापूर्वक एक प्रस्ताव भारत सरकार को भेजा कि कमिटी नवम्बर में गठित की जा सकती है, क्योंकि बरसात के मौसम में काम करने में परेशानी होगी। इन लोगों ने

स्ले के बदले पटना हाई कोर्ट के एक जस्टिस का नाम अध्यक्ष के रूप में प्रस्तावित कर दिया।

इस पर भारत सरकार के गृह विभाग ने सख्ती जताते हुए 2 जून को निर्देश भेजा कि हर हाल में एक महीने या अधिकतम छह हफ्ते के भीतर जाँच कमिटी गठित कर काम शुरू करना होगा और अध्यक्ष स्ले ही होंगे। तब जाकर बिहार-उड़ीसा सरकार के शीर्ष अधिकारी कमिटी को लेकर सक्रिय हुए, मौड ने कमिटी की रूपरेखा तैयार की।

यह सच है कि मई महीने में चम्पारण के स्थानीय प्रशासन को कई तरह की परेशानियों से गुजरना पड़ रहा था। रैयतों में हिम्मत आ गई थी। वे अन्याय का विरोध करने लगे थे। मजदूरों ने बिना मजदूरी के काम करने से इनकार कर दिया। बेलवा कोठी का तो लोगों ने बायकॉट ही कर दिया। खेनहर राय के नेतृत्व में कई इलाकों के किसानों ने तय कर लिया कि जब तक 60 रुपए प्रति बीघा की दर से मेहनताना नहीं मिलेगा, वे प्लांटरों को फसल काटने नहीं देंगे। महात्मा गांधी ने जरूर अपने स्तर पर रैयतों को समझाया कि खड़ी फसल को लेकर विवाद न करें, मगर लोग इस मामले में समझौता करने के लिए तैयार नहीं थे। धोकराहा कोठी के 500 से अधिक रैयतों ने पहले ही जीरात वाली जमीन का सट्टा वापस कर दिया था। ऐसे में खास तौर पर बेतिया के मैजिस्ट्रेट लेविस काफी घबराए हुए थे, उन्होंने कई पत्र अपने शीर्ष अधिकारियों को लिखे। किसी सम्भावित अशान्ति से निपटने के लिए बड़ी संख्या में सिपाहियों को भी बाहर से बुलाया गया।

इन परिस्थितियों में जब गांधी को 4 जून को राँची हाजिर होने को कहा गया तो उनके साथी काफी घबरा गए। लगातार चल रहे पत्र-व्यवहार और अखबारों में छप रही खबरों से ऐसा लगने लगा था कि कहीं गांधी को राँची में ही रोक न लिया जाए। इस बैठक में भाग लेने से पहले 2 जून को गांधी, ब्रजकिशोर प्रसाद के साथ पटना पहुँचे। वहाँ मदन मोहन मालवीय पहले से पहुँचे हुए थे, मि. हक, रायबहादुर कृष्णसहाय, परमेश्वर लाल, बैद्यनाथ नारायण सिंह आदि सज्जनों के साथ उनकी एक बैठक हुई। तय हुआ कि अगर गांधी को राँची में रोक लिया गया तो मालवीय जी और हक साहब चम्पारण का काम आगे बढ़ाएँगे। उसी दिन वे ब्रजकिशोर बाबू के साथ राँची के लिए निकल पड़े। गांधी ने कस्तूरबा और अपने पुत्र देवदास गांधी को भी राँची

बुलवा लिया। आसनसोल स्टेशन पर दोनों गांधी से आकर मिले और फिर वे लोग साथ ही राँची पहुँचे।

4 जून को हुई गांधी और लेफ्टिनेंट गवर्नर सर एडवर्ड गेट की मुलाकात पुराने सरकारी अन्दाज में हुई। गेट ने चम्पारण में हुए अग्निकांड और रैयतों के उग्र होने की घटनाओं के लिए वहाँ गांधी की मौजूदगी को जिम्मेदार बताया, प्लांटरों की समस्या का रोना रोया और यह दबाव डालने की कोशिश की कि वे चम्पारण छोड़कर चले जाएँ। हालाँकि इस दबाव के बावजूद गांधी अडिग रहे। अगले दिन हारकर गेट ने जाँच कमिटी गठित करने का प्रस्ताव गांधी के सामने पेश किया और कहा कि सरकार चाहती है कि वे भी इस समिति के सदस्य हों। उनके लिए यह प्रस्ताव पेश करना एक लाचारी थी, क्योंकि भारत सरकार का इस मसले पर भारी दबाव था।

जाँच कमिटी का प्रस्ताव तो गांधी को पसन्द आ गया, मगर वे खुद कमिटी का सदस्य बनने के लिए तैयार नहीं थे। उन्होंने कहा कि वे बाहर रहकर कमिटी को सुबूत पेश करना पसन्द करेंगे। गेट के ऊपर दबाव था कि वे गांधी को कमिटी का सदस्य बनने के लिए मनाएँ। उन्होंने कई तरह के तर्क दिए। कहा, आप चाहें तो यह काम कमिटी में रहते हुए भी कर सकते हैं। इधर गांधी ने भी अपनी तरफ से कई शर्तें पेश कीं। जैसे, कमिटी के सामने उनकी अब तक की जाँच की रिपोर्ट को भी रखा जाए। वे जाँच के दौरान अपने साथियों से सलाह-मशविरा कर सकें। कमिटी को घूम-घूमकर सबूत इकट्ठा करने की इजाजत हो। गेट इन शर्तों पर राजी हो गए। इस पर गांधी ने कहा कि मैं जरा मालवीय जी से विचार-विमर्श कर लेना चाहता हूँ। फिर वे वहाँ से पटना आ गए। पटना में मालवीय जी से विचार के दौरान यह तय हुआ कि गांधी के कमिटी का सदस्य बनने में कोई बुराई नहीं है। इससे कमिटी की विश्वसनीयता भी बढ़ेगी और उनकी अब तक की जाँच को भी कमिटी गम्भीरता से लेगी। आखिरकार 7 जून को टेलीग्राम भेजकर गांधी ने कमिटी का सदस्य बनने पर सहमति दे दी।

गेट ने गांधी से कह रखा था कि जब तक समिति के सभी सदस्यों से सहमति नहीं मिल जाती है, वे इस खबर को बाहर उद्धृत न करें। मगर इस

बीच पटना के एसोसिएटेड प्रेस के संवाददाता को किसी तरह इस खबर का पता चल गया और उसने 7 जून को खबर जारी कर दी कि कमिटी बनाने का फैसला हो गया है। यह जानकारी मिलने पर बिहार-उड़ीसा सरकार ने तत्काल इस खबर का प्रतिवाद किया और कहा कि वह फिलहाल कमिटी के गठन पर विचार कर रही है और जल्द इस सम्बन्ध में अधिसूचना जारी करेगी।

इस खबर के आते ही प्लांटरों और ब्रिटिश समर्थक अखबारों को नया मसला मिल गया। वे लगातार खबरें छापने लगे कि जाँच समिति का गठन होने के बाद महात्मा गांधी के चम्पारण में रहने की अब कोई जरूरत नहीं बचती। उन्हें चम्पारण छोड़कर चले जाने को कहा जाए। इस सम्बन्ध में खबरें 'पायोनियर' समेत विभिन्न अखबारों में छपीं। उन्हें क्या पता था कि जिस गांधी को वे चम्पारण छोड़कर जाने के लिए कह रहे हैं, उन्हें भी इस समिति का सदस्य बनाया गया है। यह बात 10 जून को जारी बिहार सरकार की अधिसूचना से लोगों को मालूम हुई, जो 12 जून को अखबारों में छपी। इस अधिसूचना के मुताबिक कमिटी में निम्नलिखित सदस्यों की नियुक्ति हुई थी :

> अध्यक्ष—सेंट्रल प्रोविंस के कमिश्नर एफ.वाई. स्ले, सदस्य—एलसी अदामी, आइसीएस अधिकारी, बिहार-उड़ीसा सरकार, राजा हरिहर प्रसाद नारायण सिंह, डीजे रीड, बिहार-उडीसा लेजिस्टेलिव काउंसिल के सदस्य, जी रेनी, आइसीएस, भारत सरकार और मि. गांधी, सचिव—सीएल टैनर, सेटलमेंट अफसर, साउथ बिहार।
>
> कमिटी के लिए निम्नलिखित कार्य निर्धारित किए गए :
>
> - चम्पारण जिले के जमींदारों और रैयतों के बीच सम्बन्ध के विषय में तथा नील उपजाने और उसके तैयार करने के दौरान जो विवाद होते हैं, उनकी जाँच करना।
> - इस विषय से सम्बन्धित जो सबूत उपलब्ध हैं, उन पर विचार करना। अगर जरूरी हो तो कमिटी जगह-जगह घूमकर नए सिरे से सबूत भी इकट्ठा कर सकती है।
> - अपनी जाँच के परिणाम सरकार के समक्ष पेश करना। अगर कोई समस्या सामने आए तो उसका समाधान सुझाना। कमिटी की जाँच का तरीका क्या होगा, यह तय करने की पूरी आजादी लेफ्टिनेंट गवर्नर और उनकी काउंसिल को दी जाती है।

- कमिटी की बैठकें 15 जुलाई से शुरू होंगी और उम्मीद की जाती है कि कमिटी अगले तीन माह के अन्दर अपनी रिपोर्ट सौंप देगी।

नील से सम्बन्धित समस्याओं के आकलन के लिए गठित यह सरकारी जाँच कमिटी निश्चित तौर पर चम्पारण में गांधी की दूसरी बड़ी जीत थी। पहली जीत सरकार द्वारा उन्हें व्यक्तिगत तौर पर जाँच की इजाजत दी जानी थी। दिलचस्प बात यह है कि इन दोनों मामलों में स्थानीय प्रशासन गांधी के साथ नहीं था जबकि भारत सरकार का गृह विभाग गांधी की राय से सहमत था। स्थानीय प्रशासन न सिर्फ असहयोग कर रहा था, बल्कि गांधी को चम्पारण से भगाने पर तुला था। मगर भारत सरकार के गृह विभाग ने वीटो लगाकर स्थानीय प्रशासन को सही फैसला लेने पर मजबूर किया।

बहरहाल, इन्हीं खबरों के बीच गांधी, कस्तूरबा और देवदास गांधी के साथ बेतिया पहुँचे। यह पहला अवसर था जब कस्तूरबा और देवदास गांधी चम्पारण पहुँचे थे। बेतिया स्टेशन पर उन दोनों का स्थानीय परम्परा के मुताबिक भव्य स्वागत हुआ।

ताबूत में आखिरी कील : तिनकठिया का अन्त

जब यह तय हो गया कि नील सम्बन्धी विवाद की जाँच सरकारी कमिटी करेगी और महात्मा गांधी भी इस कमिटी के सदस्य होंगे तब सरकार के निर्देशों का पालन करते हुए 12 जून से चम्पारण में रैयतों के बयान दर्ज करने का काम गांधी की टीम ने बन्द कर दिया। कमिटी की राँची में बैठक 11 जुलाई को होनी थी, इसलिए बीच के खाली वक्त का लाभ उठाते हुए गांधी भी 16 जून को बम्बई चले गए।

इससे पहले उन्होंने 13 तारीख को मैक्फर्सन को पत्र भेजकर सूचना भिजवा दी थी कि रैयतों का बयान लिखना बन्द कर दिया गया है। हालाँकि उनका उनके सहयोगियों से मिलना-जुलना शायद ही बन्द हो। मगर जाँच होने तक उन्हें शान्त रहने और कानून विरुद्ध कोई काम न करने के लिए कह दिया गया है :

> इस वक्त तक 5 हजार रैयतों के पूरे बयान और 8 हजार से अधिक रैयतों के संक्षिप्त बयान लिए जा चुके थे। चम्पारण जिले के 2841 गाँवों में से 850 गाँवों के रैयतों ने बयान दिया था। करीब 60 नील कोठियों के विरुद्ध बयान दर्ज कराया गया था। इसके अलावा मुकदमों और भिन्न-भिन्न कागजों का

अलग ढेर लगा हुआ था। बयान बन्द होने के बाद गांधी के सहयोगियों ने इन कागजातों को पढ़ने का काम शुरू कर दिया। उन्हें तय करना था कि बयानों और इन कागजातों में से क्या-क्या कमिटी के समक्ष पेश किया जाए।

बयान दर्ज करना बन्द हो चुका था, मगर रैयत मान नहीं रहे थे। कई रैयतों ने डाक से अपने बयान भेजे। पुलिस द्वारा इसकी शिकायत भी की गई, मगर ब्रजकिशोर बाबू ने इसका कड़ा प्रतिवाद किया। 28 जून को गांधी बम्बई से मोतिहारी लौट आए। इस बार उनके साथ सर्वेंट ऑफ इंडिया सोसाइटी के डॉ. हरिकृष्ण देव भी आए थे। इस बात को भी स्थानीय प्रशासन ने मुद्दा बना लिया। खैर यह सब चलता ही रहा। वस्तुत: नील प्लांटरों और स्थानीय प्रशासन ने गांधी के साथ शत्रुता ठान ली थी, जब मौका देखते आक्षेप लगाने से नहीं चूकते।

इस बीच राँची में जाँच कमिटी की बैठक की तिथि नजदीक आ गई। 5 जुलाई की रात गांधी ब्रजकिशोर प्रसाद के साथ पटना निकल गए और फिर वहाँ से होते हुए 7 जुलाई को राँची पहुँचे। 11 जुलाई को कमिटी की बैठक हुई। कमिटी में एक बदलाव यह हुआ कि राजा हरिहर प्रसाद नारायण सिंह के अस्वस्थ होने की वजह से उनकी जगह बनैली रियासत के राजा कृत्यानन्द सिंह को सदस्य नियुक्त किया गया।

कमिटी की बैठक में तय हुआ कि 17 जुलाई से जाँच कमिटी बेतिया में बैठेगी। बेतिया राज की राजधानी होने की वजह से वहाँ कमिटी के सदस्यों के लिए ठहरने की बेहतर व्यवस्था उपलब्ध थी, इसलिए ऐसा निर्णय लिया गया। 14 जुलाई को गांधी को छोड़कर लगभग सभी सदस्य बेतिया पहुँच गए। राजा कृत्यानन्द सिंह को बेतिया राज के महल में ठहराया गया। बाकी लोगों को राजा के अतिथि-गृह में जगह दी गई। अगले दिन श्रीमती गांधी, डॉ. देव, ब्रजकिशोर बाबू, धरणीधर बाबू, राजेन्द्र प्रसाद व अन्य लोगों के साथ गांधी भी मोतिहारी से बेतिया आ गए और अपने पुराने ठिकाने हजारीमल की धर्मशाला में ठहरे।

कमिटी की बैठक की सूचना पहले ही अखबारों में प्रकाशित कर दी गई थी और जगह-जगह पर्चे चिपका दिए गए थे। 15 जुलाई से ही बेतिया में रैयतों की भीड़ उमड़ने लगी थी। 16 जुलाई को शहर में 10 हजार से अधिक लोग जमा हो गए। सबको कमिटी से बड़ी उम्मीद थी, क्योंकि गांधी की वजह से यह कमिटी बनी थी और वे इस कमिटी के सदस्य भी थे। 50 साल

लम्बे संघर्ष के बाद चम्पारण के लोगों के जीवन में यह दिन आया था। उनके मन में उम्मीद जग गई थी कि अब उनके सारे दु:ख दूर होने वाले हैं।

17 जुलाई को दिन के 11 बजे बेतिया राज स्कूल के प्रांगण में कमिटी ने बयान दर्ज करना शुरू किया। प्लांटरों की तरफ से मुजफ्फरपुर के प्रसिद्ध वकील पी केनेडी कमिटी की कार्रवाई पर निगाह रखने के लिए नियुक्त हुए थे। गांधी के सभी सहयोगी भी वहाँ मौजूद थे। कुछ रैयतों को भी अन्दर जाने की अनुमति थी। मगर बाहर हजारों की संख्या में लोग जुटे थे। वे अन्दर आकर सब कुछ देखना चाहते थे। ऐसे में गांधी जी के सहयोगियों ने उन्हें समझा बुझाकर रोके रखा।

पहले दिन मि. स्वीनी से पूछताछ हुई, यह पूरे दिन चलती रही। अगले दिन मि. लेविस और मि. विटी की गवाहियाँ हुईं। 19 जुलाई को रैयतों की बारी आई, पहली गवाही राजकुमार शुक्ल की हुई, उसके बाद अमोलवा गाँव के सन्त भगत ने गवाही दी, जो शुक्ल के परम मित्र थे। भगत ने गांधी को चम्पारण बुलाने के लिए शुक्ल को तीन बीघा जमीन दान कर दी थी।

सभी गवाहियाँ अब उपलब्ध नहीं हैं, मगर संयोगवश राजकुमार शुक्ल की गवाही सरकारी दस्तावेजों में उपलब्ध है। इसके कुछ अंश बहुत मार्मिक हैं। इससे यह पता चलता है कि नील प्लांटर वस्तुत: रैयतों के साथ किस तरह का व्यवहार किया करते थे। उस अंश को यहाँ ज्यों का त्यों उद्धृत किया जा रहा है :

राजकुमार शुक्ल का बयान

1914 में जब सरकारी नहर हमारे इलाके में खोदी गई और हम लोगों ने अपनी जमीन की सिंचाई शुरू की तो हमलोगों से प्रति बीघा 5 रुपए की दर से पईन खर्चे की वसूली शुरू कर दी गई। इस पर हम लोगों ने और कुछ अन्य किसानों ने कलक्टर, लेफ्टिनेंट गवर्नर और वायसराय के पास स्मार पत्र भेजा, जिसमें पईन खर्चा वगैरह की वसूली तथा अन्य प्रकार के अत्याचारों के बारे में शिकायत की गई थी। इसके बाद हमलोगों ने एम्मन को पईन खर्चा देना बन्द कर दिया। एम्मन को जब यह पता चला तो वह बहुत नाराज हुआ और उसने मुझे और दूसरे किसानों को गिरफ्तार करने के लिए अपने चपरासी को भेजा। मुझे पता चला कि वे लोग मेरा घर लूटकर ले जाना चाहते हैं। तब मैंने अन्य किसानों को साथ लेकर लेफ्टिनेंट गवर्नर को भेजे गए स्मारपत्र की प्रति पुलिस कप्तान को शिकारपुर में दिखलाई और उसके सामने अपनी विपत्तियों का वर्णन किया। इस पर उन्होंने कहा कि वे जाँच करेंगे, लेकिन किया कुछ नहीं।

चार–पाँच दिन के अन्दर कोठी वालों ने पलकधारी लोहार नामक एक व्यक्ति द्वारा पुलिस में मेरे खिलाफ झूठी फौजदारी शिकायत दर्ज करा दी। शिकायत यह थी कि चूँकि पलकधारी ने कोठी के पक्ष में गवाही दी है, इसलिए हम लोगों ने थप्पड़ और घूसे से उसकी पिटाई की है। इस बीच कोठी वालों ने मेरे गाँव के तमाम धोबी, हज्जाम, लोहार, हलवाहे, चरवाहे वगैरह को धमकाते हुए कह दिया कि कोई मेरा काम न करे।

मैंने पहली दिसम्बर, 1914 को एक और आवेदन लेफ्टिनेंट गवर्नर को भेजा। मुझे 21 दिनों की सजा मिली और रोज मियाँ और राजवली को अदालत में तीन घंटे खड़े रहने का हुक्म सुनाया गया। जब मैं जेल से लौटकर आया तो मैंने अपनी मालगुजारी मनिआर्डर से भेजना शुरू कर दिया, पईन खर्चा तो बन्द कर ही दिया था। कुछ दूसरे किसानों को भी मैंने प्रेरित किया कि वे पईन खर्चा देना बन्द कर दें। इस बीच लेफ्टिनेंट गवर्नर को जो मैंने पहला आवेदन दिया था, उसकी जाँच करने मि. स्वीनी आए और मैंने उनके सामने सारे सुबूत रख दिए। कलक्टर ने गवाहों की गवाहियाँ भी लीं, जिससे जाहिर हुआ कि पईन खर्चा वसूल किया जा रहा है। हालाँकि इसका भी कोई नतीजा नहीं निकला। ऐसे में किसानों ने फिर से पईन खर्चा देना शुरू कर दिया।

जब मुझे कोई रास्ता नहीं मिला तो छह अप्रैल, 1915 को छपरा में आयोजित प्रान्तीय कांग्रेस के सामने अपनी परेशानियों का वर्णन किया। दिसम्बर, 1916 में लखनऊ के कांग्रेस अधिवेशन में अपनी व्यथा सुनाई। वहाँ प्रस्ताव भी पारित हुआ। एम्मन को इसकी खबर मिल गई।

जनवरी, 1917 को जब मैं घर लौटा तो मुरली भहरवा और अमोलवा के किसानों ने पईन खर्चा के सम्बन्ध में कलक्टर के पास आवेदन दिया। बगहा में 3 फरवरी, 1917 को कलक्टर ने पईन खर्चा के भुगतान के लिए मना कर दिया था। इस बीच कोठी वालों को जब मालूम हुआ कि अमोलवा के किसान सन्त भगत ने पईन खर्चा के बारे में आवेदन किया है, तो उन लोगों ने इनका घर लुटवा दिया। इससे फिर गाँवों में भय का माहौल बन गया और किसानों ने फिर से पईन खर्चा देना शुरू कर दिया। सिकन्दर धोबी द्वारा सन्त भगत पर झूठा मुकदमा करवा दिया गया। ऐसे में डरा धमकाकर उन लोगों से मैजिस्ट्रेट के यहाँ आवेदन दिलवा दिया गया कि हमलोग स्वेच्छा से पईन खर्चा देना चाहते हैं।

अब एम्मन ने मुझे सबक सिखाने का फैसला कर लिया। उनकी योजना बन गई कि मेरा घर भी लुटवा दिया जाएगा। संयोग से मुझे पहले ही खबर

मिल गई और मैं रात ही रात अपने परिवार को लेकर एक मील दूर हरपुर गाँव में चला गया। सुबह होने पर एम्मन अपने कारिन्दों के साथ मेरे घर पर आए और घर लूटने का आदेश जारी कर दिया। आदेश देकर एम्मन चला गया, उसके नौकरों ने जमकर लूटपाट की, बखारियों और कोठियों से मेरी धान की फसल और दूसरी सम्पत्तियों को निकाल कर ले गए। घर ढहा दिए गए और दरवाजे के खम्भे और छप्पर गिरा दिए गए। लगभग 2.5 हजार की सम्पत्ति लूटी गई। खेतों में जो फसल खड़ी थी, उसे कई दिनों तक मवेशियों से चराया गया। जिन लोगों ने मुझसे कर्ज ले रखा था, उनसे कहा गया कि वे मुझे नहीं चुकाएँ। एक चपरासी को वहाँ तैनात कर दिया गया। दो महीने तक मुझे गाँव नहीं आने दिया गया।

जब मैंने मोतिहारी जाकर कलक्टर से लूटपाट की सारी बातें बताईं तो उन्होंने मुझे अदालत जाने को कहा। मैं अदालत में गया तो कलक्टर ने मुझे आवेदन देने को कहा। मैंने कहा कि कृपया आप खुद निरीक्षण कर लीजिए, बात गलत साबित हो तो मुझे सजा दीजिएगा। मगर वे राजी नहीं हुए। मैंने कहा कि एक बार आवेदन देने की सजा मैं 21 दिनों तक जेल में भुगत चुका हूँ, अब दूसरा आवेदन देने की हिम्मत मुझमें नहीं है। इसके बावजूद वे नहीं पसीजे।

चम्पारण का तो यही इतिहास है।

इसके बाद 21 जुलाई को बेतिया कोठी के मालिक और मैनेजर की गवाही हुई। 23 को साठी कोठी के मैनेजर स्टिल और बेलवा कोठी के मैनेजर एम्मन से पूछताछ की गई।

इसके बाद तय हुआ कि 25 जुलाई से बैठकें मोतिहारी में होंगी। वहाँ बैठक डिस्ट्रिक्ट बोर्ड के ऑफिस में हुई। पहले दिन चम्पारण के डीएम हेकॉक, प्लांटर्स एसोसिएशन के प्रतिनिधि जेम्सन और राजापुर कोठी के मैनेजर हडसन की गवाही हुई। 26 को मोतिहारी कोठी के मैनेजर इरविन से पूछताछ की गई। इसके बाद तय हुआ कि अब गाँवों में घूमकर पूछताछ की जाएगी। 28 को परसा कोठी और 29 को कुड़िया कोठी में और इनके देहात में भ्रमण कर कमिटी ने जाँच की। 30 जुलाई को फिर बेतिया में कमिटी बैठी। मधुबन कोठी के मैनेजर और मालिक से पूछताछ की गई, फिर कमिटी के लोग मलहिया कोठी के देहात में गए। 31 जुलाई को धोकराहा और लोहारिया कोठी के देहात में जाँच की गई।

2 अगस्त को राजापुर कोठी में तहकीकात का काम हुआ। 3 को पिपरा, 4 को तुरकौलिया, 5 को राजपुर छतौनी, 6 को राजघाट हरदिया में जाँच की

गई। 14 को जलहा कोठी के मैनेजर से पूछताछ की गई। कमिटी ने जिन-जिन तारीखों को किसी से पूछताछ नहीं की या इलाकों में जाकर जाँच नहीं की, उन दिनों कमिटी के सदस्य गुप्त बैठकें करते रहे और खास तौर पर शरहबेशी और तवान के मसले पर बहस करते रहे। इसके बाद कमिटी का फील्ड वर्क खत्म मान लिया गया और तय हुआ कि सितम्बर में राँची में कमिटी फिर से बैठेगी। गांधी जी भी 16 अगस्त को अहमदाबाद चले गए।

कमिटी की जाँच पूरी होने के बाद भी ब्रिटिश अपनी कारगुजारियों से बाज नहीं आए। बेतिया राज के मैनेजर विटी ने सरकार को एक चिट्ठी भेजकर आशंका जाहिर की कि चम्पारण फिर से सुलग रहा है। रैयतों को समझ में आ गया है कि जाँच कमिटी के सामने उनके दावे सच साबित नहीं हो पाएँगे। ऐसे में रिपोर्ट आने के बाद एक बार फिर से यहाँ उपद्रव हो सकता है।

तिरहुत के कमिश्नर मोरशेड के पास कई नील प्लांटरों के पत्र पहुँचे थे, उन्होंने तमाम पत्रों का सार निकालकर मुख्यालय भेज दिया। इसमें कहा गया था कि मजदूर अब अधिक मजदूरी माँग रहे हैं। काम पर जाने से पहले शर्त रख रहे हैं। कोठियों का बायकॉट किया जा रहा है। ऐसे में कोठियों की बुराइयाँ बढ़ा-चढ़ाकर बताई गईं, तो स्थिति अनियन्त्रित हो सकती है। इस पत्र का साफ मकसद था कि रिपोर्ट में कोठी मालिकों के प्रति नरमी बरती जाए। मगर मुख्यालय की ओर से इसे अधिक तवज्जो नहीं दी गई।

बहरहाल, गांधी 22 सितम्बर को अहमदाबाद से सीधे राँची पहुँचे। ब्रजबाबू वहाँ पहले से पहुँचे हुए थे। फिर लगातार रिपोर्ट लिखने का काम हुआ और 4 तारीख को रिपोर्ट जमा कर दी गई। रिपोर्ट में ज्यादातर बातें रैयतों के पक्ष की हुई। बस शरहबेशी के मसले पर कमिटी के सदस्यों में मतभेद था। गांधी और कृत्यानन्द सिंह शरहबेशी और तवान की रकम रैयतों को वापस दिलाने के पक्ष में थे, जबकि अन्य सदस्य दर में कटौती करना चाह रहे थे। बहरहाल बहुमत की राय पर ही मुहर लगी और कटौती का प्रस्ताव मान लिया गया। सरकार ने कमिटी की रिपोर्ट के प्राय: सभी प्रस्ताव लिए। 18 अक्तूबर को सरकार ने रिपोर्ट को प्रकाशित कर दिया। जीत हासिल हो चुकी थी।

ताबूत में आखिरी कील : तिनकठिया का अन्त

चम्पारण एग्रेरियन इनक्वायरी कमिटी की रिपोर्ट की मुख्य सिफारिशें निम्नलिखित हैं, जिन्हें सरकार ने स्वीकार कर लिया था :

1. तिनकठिया प्रथा को पूरी तरह खत्म कर दिया जाए। यह किसी फसल के मामले में लागू न हो।
2. अगर नील की खेती के लिए इकरारनामा लिखा जाए तो उसकी शर्तें निम्नलिखित हों।
   इकरारनामा रैयतों की मर्जी से किया जाए। सट्टा तीन साल से अधिक अवधि के लिए न लिखा जाए। नील बोने के लिए खेत का चुनाव रैयत खुद करे। नील बेचने की दर तय करने का अधिकार भी रैयतों को मिले। नील का तौल सही हो।
3. मोतिहारी, जलहा, सीरनी और पिपरा कोठी में जो शरहबेशी हुई है, उसमें 26 फीसदी और तुरकौलिया कोठी की दर में 20 फीसदी की कमी की जाए।
4. जिन रैयतों ने तवान दिया है, उन्हें तवान का एक चौथाई वापस मिलेगा।
5. अबवाब यानी हर तरह का जुर्माना लेना गैरकानूनी है। खतियान में दर्ज मालगुजारी के सिवा जमींदारों को और कुछ नहीं देना है।
6. दाखिल-ख़ारिज के लिए वारिस से फीस लेना नाजायज है। दूसरे लोगों से भी कितनी फीस लेनी है, इसका निर्धारण होना चाहिए।
7. मवेशियों को चराने के लिए जमीन परती या गोचर रखना अनिवार्य हो और यह बात हर जमींदार, मुकर्ररीदार और ठेकेदार को बताई जाएगी।
8. गाड़ी का सट्टा गाड़ी वाले की मर्जी से होना चाहिए और यह भी अधिकतम 5 साल के लिए।
9. मजदूरी की पूरी स्वतंत्रता रहेगी और यह लोगों की स्वेच्छा पर निर्भर रहेगी।
10. मालगुजारी की प्रत्येक क़िस्त के लिए रसीद देना जरूरी होगा।

इससे सम्बन्धित नोटिस को सरकार की तरफ से छपवाकर 18 अक्तूबर को ही पूरे जिले में रैयतों के बीच बँटवा दिया गया। प्रताप प्रेस ने भी 'चम्पारण का उद्धार' शीर्षक से एक पुस्तिका छपवाकर चम्पारण के घर-घर तक पहुँचा दी। उसमें फैसलों की जानकारी तो थी ही साथ-साथ टिप्पणियाँ भी थीं, जिससे लोग इन फैसलों को आसानी से समझ सकें। नील प्लांटरों का इस फैसले से नाखुश होना स्वाभाविक था। वे अखबारों में तरह-तरह की नकारात्मक टिप्पणियाँ कर रहे थे। मगर सरकार इस बार इस रिपोर्ट की सिफारिश को लागू कराने के लिए कृतसंकल्प थी।

29 नवम्बर को स्थानीय व्यवस्थापिका सभा में मि. मौड ने चम्पारण एग्रेरियन बिल पेश किया। नील प्लांटरों ने उस बिल को रोकने की भरपूर कोशिशें की। जेडी रीड ने विरोध में इस्तीफ़ा तक दे दिया। इसके बावजूद बिल में थोड़े बहुत बदलाव के बाद इसे 20 फरवरी, 1918 को गजट में प्रकाशित करवाया गया और 4 मार्च, 1918 को यह बिल पारित होकर कानून बन गया। इस तरह चम्पारण की बदनाम तिनकठिया प्रथा का समूल अन्त हो गया।

तिनकठिया प्रथा के अन्त के साथ ही चम्पारण के दो हजार से अधिक गाँवों के 19 लाख से अधिक रैयतों के उन दु:खों का अन्त हो गया जो पिछले पचास सालों से उनके जीवन में कुंडली मारकर बैठे थे। जो उन्हें न जीने देते थे, न मरने। उनकी पीढ़ियाँ नील के व्यवसाय को फायदेमन्द बनाने की कोशिश में तबाह हो चुकी थी। प्लांटर फल-फूल रहे थे, जबकि रैयत लगातार कंगाल होते जा रहे थे। नील उगाने की कोशिश में चम्पारण में बार-बार खाने के अनाज का संकट हो जाता और भुखमरी की नौबत उपस्थित हो जाती।

रैयतों ने लगातार इन परिस्थितियों से उबरने की कोशिश की। अंगरेजी शासन के सामने विरोध जताया, विद्रोह किया, नील की खेती करने से इनकार किया, हिंसा का सहारा लिया। मगर हर बार अंगरेजी शासन ने उन्हें सख्ती से दबा दिया। अपने कायदे-कानून के पेच में उलझा दिया। एक साठी कोठी के इलाके को छोड़ दिया जाए तो लोग कहीं भी नील की खेती बन्द कराने में सफल नहीं हो पाए।

ऐसे में चम्पारण के रैयतों ने कानून और अखबार का सहारा लेना शुरू कर दिया। अंगरेजों को हराने के लिए उन्हीं के हथियारों को अपनाने लगे। अन्त में उन्होंने गांधी जैसी शख्सियत को अपनी मदद के लिए लगभग जबरदस्ती बुलाया और उनके इस उपाय ने उन्हें आखिरकार मुक्ति दिला दी। गांधी की खासियत थी कि वे अंगरेजों का मुकाबला उनके तरीकों से ही करते थे, एक जिम्मेदार नागरिक की तरह वे न्याय के लिए प्रयास करते थे। कानून तोड़ते थे और सजा की माँग करते थे। इन्हीं कोशिशों में सत्याग्रह जैसे हथियार का जन्म हुआ और अहिंसा की ताकत का पता चला।

ताबूत में आखिरी कील : तिनकठिया का अन्त

नील प्लांटरों और स्थानीय अधिकारियों ने गांधी को उलझाने में कोई कसर नहीं छोड़ी। अप्रैल, 1917 से मार्च, 1918 के बीच लगभग एक साल के दौरान इन प्लांटरों और अधिकारियों ने गांधी को चम्पारण से बाहर भेजने के लिए पचासों आवेदन लिखे। बार–बार आरोप लगाया कि गांधी की वजह से चम्पारण का माहौल खराब हो रहा है, यहाँ हिंसा भड़क रही है। मगर गांधी अपने चन्द सहयोगियों की मदद से इनकी काट निकालते रहे। इसमें स्वतंत्रता प्रेमी अखबारों ने भी उनका भरपूर साथ दिया। आखिरकार प्रशासन को झुकना पड़ा, एक बार नहीं बार–बार झुकना पड़ा। पहले मोतिहारी के मुकदमे के दौरान, फिर जाँच कमिटी की गठन के मामले में और अन्त में कमिटी की सिफारिशों को स्वीकार करने के मामले में प्रशासन को मुँह की खानी पड़ी।

इस दौरान गांधी ने न सिर्फ प्रशासन को मजबूर किया बल्कि सत्याग्रह और अहिंसा के अपने हथियारों से उनकी सोच में भी बदलाव लाने की कोशिश की। यह समझने के लिए इस कथा का अन्त बिहार–उड़ीसा सरकार के चीफ सेक्रेटरी डब्ल्यू. मौड द्वारा पेश चम्पारण एग्रेरियन बिल के उस अंश से करना समुचित होगा, जिससे चम्पारण सत्याग्रह की वजह से सरकार के नजरिये में आया बदलाव प्रतिबिम्बित होता है :

> सरकार की ऐसी कोई इच्छा नहीं है कि नील उद्योग को तबाह कर दिया जाए, अगर होती भी तो सरकार उसके लिए किसी बिल की मदद नहीं लेती। यह बिल सिर्फ इसलिए है कि अगर नील का व्यापार बाजार के नियमों के मुताबिक होता है, तो इसकी खेती और इसका उत्पादन भी इसी तरीके से होना चाहिए। इसमें भी लोगों को फायदा होना चाहिए। अगर यह उन परिस्थितियों पर निर्भर है, जो शोषण और दमन के तंत्र पर आधारित हैं, तो बहुत जल्द देश के चेहरे से इसका दाग मिटा देना चाहिए। सरकार रैयत और प्लांटर के पारस्परिक सम्बन्ध की उस शर्त को खत्म करना चाहती है, जिसे मानने के लिए रैयत कभी दिल से तैयार नहीं हुआ। यह ठीक है कि नील प्लांटरों ने कई मौके पर अच्छे जमींदार की भूमिका निभाई है और वक्त–वक्त पर सरकार का भरपूर साथ दिया है, मगर इसका अर्थ यह कतई नहीं है कि सरकार उनके दोषों को नजरअन्दाज कर दे। इन्हीं दोषों को खत्म करने के लिए यह बिल पेश किया गया है।

इतर कथा

नील प्लांटरों के शोषण से रैयतों को मुक्ति दिलाने का काम जाँच कमिटी की रिपोर्ट आने और सरकार द्वारा स्वीकार कर लिए जाने के बाद कोई भी आन्दोलनकारी अपना काम खत्म समझ सकता था और यह स्वाभाविक भी था। मगर गांधी के काम करने का तरीका बिल्कुल अलग था। वे जितना समय आन्दोलन में लगाते थे, उतना ही रचनात्मक कार्यों में। जितनी मेहनत सरकार को उसका नजरिया बदलने के लिए प्रेरित करने में करते थे, उतनी ही मेहनत समाज में सकारात्मक बदलाव लाने में करते थे। चम्पारण में काम करते हुए उन्होंने यह बात बड़ी शिद्दत से महसूस की कि यहाँ के रैयतों की बदहाली की वजह सिर्फ नील प्लांटरों की शोषणवृत्ति ही नहीं है बल्कि अशिक्षा भी है। इस वजह से उनसे किसी भी एग्रीमेंट पर हस्ताक्षर करा लिया जाता है, कानूनी दाँव-पेंच में उलझा लिया जाता है। गाँव में घूमते हुए उन्होंने महसूस किया कि गन्दगी और सेहत का अभाव इन लोगों को लगातार कमजोर बनाए रखता है। आज तिनकठिया खत्म हुई तो ये लोग कल किसी दूसरी साजिश में फँस जाएँगे। इसलिए इनका शिक्षित, स्वस्थ और सशक्त होना सबसे जरूरी है।

यही सोचकर उन्होंने तय किया कि वे अब चम्पारण में शिक्षा, स्वास्थ्य और साफ-सफाई का अभियान चलाएँगे। 8 नवम्बर, 1917 को उन्होंने चम्पारण के कलेक्टर जेएल मेरीमैन से मुलाकात की और कहा कि वे चम्पारण में छह महीने और रुकना चाहते हैं और इस दौरान कुछ काम करना चाहते हैं। वे चाहते हैं कि यहाँ शिक्षा का प्रसार हो, सेहत के प्रति लोगों की जागरूकता बढ़े और रैयतों और नील प्लांटरों के बीच के सम्बन्ध बेहतर हों। इसके लिए वे अपने साथ बम्बई प्रान्त के कुछ स्वयंसेवकों को लेकर आए हैं।

पहले तो गांधी चाहते थे कि नील प्लांटर अपने पैसे से अपने इलाके में स्कूल खुलवाएँ, मगर वे तैयार नहीं हुए। ऐसे में गांधी ने तय किया कि वे उन इलाकों में स्कूल खोलेंगे जो नील प्लांटरों के क्षेत्र से बाहर हैं। उन्होंने यह सोच रखा था कि स्कूल के लिए जमीन और अन्य संसाधन गाँव के लोगों को ही उपलब्ध कराना होगा। इस तरह चम्पारण में गांधी जी का पहला स्कूल 13 नवम्बर को मोतिहारी से 20 मील दूर बड़हरवा लखनसेन गाँव में खुला, जिसके लिए भवन शिवगुलाम लाल नामक व्यक्ति ने दिया। उस पाठशाला के संचालन का जिम्मा बम्बई से आए श्री बबन गोखले, उनकी धर्मपत्नी अवन्तिका बाई और गांधी जी के पुत्र देवदास गांधी को दिया गया। वे वहाँ रहकर पठन-पाठन का कार्य संचालित कराने लगे। बबन गोखले विदेश से शिक्षा प्राप्त एक जाने-माने इंजीनियर थे, उनकी पत्नी भी विदेश रहकर आई थीं।

20 नवम्बर, 1917 को सन्त भगत के पड़ोस के गाँव भितिहरवा में एक पाठशाला खोली गई। इस पाठशाला के लिए जमीन एक मठ के पुजारी ने दी। वहाँ तत्काल झोपड़ी बनाई गई और वहाँ के स्कूल की जिम्मेदारी कस्तूरबा गांधी, डॉ. देव, बेलगाँव के वकील सदाशिव लक्ष्मण सोमन, गुजरात के युवक बालकृष्ण योगेश्वर पुरोहित को दी गई। दोनों स्कूलों के खुलने की सूचना कलेक्टर को पत्र द्वारा दे दी गई थी। ये दोनों स्कूल काम करने लगे। इनमें पढ़ाई-लिखाई तो होती ही थी, स्वयंसेवक गाँव-गाँव में घूमकर साफ-सफाई का अभियान चलाते और रोगियों को दवा बाँटते।

17 फरवरी को मधुबन में सेठ घनश्यामदास की जमीन पर एक और विद्यालय खुला। इस तरह गांधी ने अपनी चम्पारण यात्रा के पहले दौर में तीन स्कूलों की स्थापना की।

भितिहरवा स्कूल के खुलने के साथ एक दुर्घटना घट गई। अचानक स्कूल के झोपड़े में आग लग गई। आशंका जाहिर की गई कि यह आग बेलवा कोठी के मैनेजर एसी एम्मन के इशारे पर लगाई गई है, जो इस तरह के कामों के लिए पहले से ही कुख्यात थे। बहरहाल इस घटना से स्वयंसेवक घबराए नहीं। उसी रोज उन्होंने गाँव से ईंट और गारा जुटाकर वहाँ एक खपरैल भवन बना दिया। वह भवन आज भी मौजूद है, फिलहाल उसे एक संग्रहालय का रूप दे दिया गया है।

गांधी ने इन स्कूलों का मकसद एक सरकारी कर्मचारी के सामने निम्नलिखित शब्दों में जाहिर किया था :

> जिन स्कूलों को मैं खोल रहा हूँ, उनमें 12 साल से कम उम्र के बच्चे ही लिए जाएँगे। जितने बच्चे मिल सकें, उन्हें हर चीज की शिक्षा दी जाए। हिन्दी या उर्दू का पूरा ज्ञान, हिसाब, इतिहास और भूगोल की मोटी-मोटी बातें, विज्ञान के मूल सिद्धान्त और थोड़ी सी शिल्पकारी। कोई पाठ्यक्रम नहीं होगा। इस परिपाटी को मैं पसन्द नहीं करता। यह बच्चों की मानसिक शक्ति बढ़ाने और चरित्र को सुधारने के बदले उन्हें दबाती है। हमारा मुख्य उद्देश्य यह है कि बच्चे सुशिक्षित, चरित्रवान पुरुष और स्त्रियों के सत्संग में रहें। मैं इसी को शिक्षा मानता हूँ। लिखना-पढ़ना भी इसी उद्देश्य की सिद्धि के लिए सिखाया जाएगा। शिल्पकारी उन लड़के-लड़कियों को सिखायी जाएगी, जो अपने जीवन निर्वाह के लिए इसे एक जरिये के रूप में अपनाना चाहेंगे। हमारे शिक्षकों का प्रभाव सयानों पर भी पड़ेगा। यदि हो सके तो वे परदे के भीतर भी अपना प्रभाव पहुँचाएँगे। जवानों को स्वास्थ्य रक्षा का ज्ञान दिया जाएगा, और आपस में मिलकर काम करने से क्या लाभ है, बताया जाएगा। जैसे गाँव में सड़कों की मरम्मत करना, कुआँ खोदना आदि। जहाँ तक हो सके, लोगों की मुफ्त चिकित्सा भी की जाएगी।

बड़हरवा गाँव के स्कूल में 240 बच्चों ने नामांकन कराया और अवन्तिका बाई गोखले 40 लड़कियों और महिलाओं को पढ़ाने लगीं। भितिहरवा स्कूल में 80 बच्चे ही मिल पाए, मगर डॉ. देव ने आसपास के गाँव में स्वच्छता और सेहत को लेकर खूब काम किया। मधुबन पाठशाला में 100 लड़के और 40 लड़कियाँ शिक्षा पाने लगीं। वहाँ लड़कियों का स्कूल अलग से खुला था।

बड़हरवा और भितिहरवा के स्कूल आज भी संचालित हो रहे हैं, मधुबन का स्कूल बन्द हो गया है।

इस अनूठे शैक्षणिक-सामाजिक प्रयोग का जिक्र गांधी ने अपनी आत्मकथा में इन शब्दों में किया है :

> सबको (कार्यकर्ताओं को) यह समझा दिया गया कि कोई निलहों के विरुद्ध की जाने वाली शिकायतों में ना पड़े। राजनीति को न छुए। शिकायत करने वालों को मेरे पास भेज दिया करे। अपने क्षेत्र से बाहर एक कदम भी ना रखे। चम्पारण के इन साथियों का नियम पालन अद्‍भुत था। मुझे ऐसा कोई अवसर याद नहीं आता जब किसी ने दी हुई सूचनाओं का उल्लंघन किया हो।
>
> प्राय: प्रत्येक पाठशाला में एक पुरुष और एक स्त्री की व्यवस्था की गई थी। उन्हीं के द्वारा दवा और सफाई के काम किए जाने थे। स्त्रियों की मार्फत स्त्री समाज में प्रवेश करना था। दवा का काम बहुत सरल बना दिया गया था। अंडी का तेल, कुनैन और एक मरहम इतनी चीजें प्रत्येक पाठशाला में रखी जाती थीं। जाँचने पर जीभ मैली दिखाई दे और कब्ज की शिकायत हो, तो अंडी का तेल पिला देना। बुखार की शिकायत हो, तो अंडी का तेल देने के बाद, आने वाले को कुनैन पिला देना और अगर फोड़े हों तो जख्म पर मरहम लगा देना। खाने की दवा अथवा मरहम को साथ ले जाने के लिए शायद ही दिया जाता था। कहीं कोई खतरनाक समझ में आने वाली बीमारी हो तो वह डॉक्टर देव को दिखाने के लिए छोड़ दिया जाता। डॉ. देव अलग-अलग जगहों में नियत समय पर हो आते। ऐसी सादी सुविधा का लाभ लोग ठीक मात्रा में उठाने लगे थे। आमतौर से होने वाली बीमारियाँ थोड़ी ही हैं और उनके लिए बड़े-बड़े विशारदों की आवश्यकता नहीं होती है। इसे ध्यान में रखा जाए तो उपयुक्त विधि से की गई व्यवस्था किसी को हास्यजनक प्रतीत नहीं होगी। लोगों को तो नहीं हुई।
>
> सफाई का काम कठिन था। लोग गन्दगी दूर करने के लिए तैयार नहीं थे। जो लोग खेतों की मजदूरी करते थे, वह भी अपने हाथ से मैला साफ करने के लिए तैयार नहीं थे। मगर डॉक्टर देव हार मान लेने वाले आदमी नहीं थे, उन्होंने और स्वयंसेवकों ने अपने हाथ से एक गाँव की सफाई की। लोगों के आँगन से कचरा साफ किया, कुओं के आस-पास से गड्ढे भरी कीचड़ निकाली। गाँव वालों को स्वयंसेवक देने की बात प्रेमपूर्वक समझाते रहे। कुछ स्थानों में लोगों ने शर्म में पड़कर काम करना शुरू कर दिया और

कहीं-कहीं तो लोगों ने मेरी मोटर आने-जाने के लिए अपनी मेहनत से सड़कें तैयार कर दीं। ऐसे मीठे अनुभवों के साथ ही लोगों की लापरवाही के कड़वे अनुभव भी होते रहते थे। मुझे याद है, कुछ जगहों में लोगों ने अपनी नाराजगी भी प्रकट की थी।

इन अनुभवों में से एक दिन का वर्णन मैंने स्त्रियों की कई सभाओं में किया है, जिसे यहाँ देना अनुचित ना होगा। भितिहरवा एक छोटा सा गाँव था। उसके पास उससे भी एक छोटा गाँव था। वहाँ कुछ बहनों के कपड़े बहुत मैले दिखाई देते थे। इन बहनों को कपड़े बदलने के बारे में समझाने के लिए मैंने कस्तूरबा से कहा। उसने उन बहनों से बातचीत की। उनमें से एक बहन कस्तूरबा को अपने झोपड़ी में ले गई और बोली, आप देखिए यहाँ कोई पेटी-अलमारी नहीं है, जिसमें कपड़े बन्द हों। मेरे पास यही एक साड़ी है, जो मैंने पहन रखी है। इसे मैं कैसे धो सकती हूँ। महात्माजी से कहिए कि वह कपड़े दिलवाएँ। उस दशा में मैं रोज नहाने और कपड़े बदलने के लिए तैयार रहूँगी। हिन्दुस्तान में ऐसे झोपड़ों में साज-समान, सन्दूक-पेटी, कपड़े-लत्ते, कुछ नहीं होते और असंख्य लोग केवल पहने हुए कपड़ों पर ही निर्वाह करते हैं।*

मुझे खेद के साथ कहना पड़ता है कि इस काम को स्थायी रूप देने का मेरा मनोरथ सफल नहीं हो पाया। जो स्वयंसेवक मिले थे, वे एक निश्चित अवधि के लिए ही थे। दूसरे नए स्वयंसेवकों के मिलने में कठिनाई हुई और बिहार से इस काम के लिए योग्य सेवक नहीं मिल सके। मुझे भी चम्पारण का काम पूरा होते-होते एक नया काम घसीट ले गया। (खेड़ा सत्याग्रह, जो चम्पारण की तरह ही खेतिहर आन्दोलन था।) इतने पर भी छह माह में हुए इस काम ने इतनी जड़ पकड़ ली थी कि एक नहीं तो दूसरे स्वरूप में इसका प्रभाव आज भी बना हुआ है।

* इसी घटना के बाद गांधी ने आजीवन एक ही कपड़े में रहने का व्रत लिया।

आभार

'चम्पारण नील विद्रोह' और 'सत्याग्रह' से जुड़ी सबसे अच्छी बात यह है कि इनसे सम्बन्धित पर्याप्त दस्तावेज हमारे पास उपलब्ध हैं। खास तौर पर जब से गांधी जी चम्पारण पहुँचे, तब से लगभग हरेक तारीख़ की जानकारी मिल जाती है। सरकारी दस्तावेज भी पर्याप्त मात्रा में उपलब्ध हैं, भले ही अलग-अलग जगह मिलें। इसलिए इस कथा को लिखने के लिए तमाम जानकारियाँ आसानी से उपलब्ध हो गईं। इनमें से सबसे महत्त्वपूर्ण बी.बी. मिश्रा की पुस्तक 'सेलेक्टेड डॉक्यूमेंट्स ऑन महात्मा गांधी'ज़ मूवमेंट इन चम्पारण' है, जिसमें लगभग तमाम सरकारी दस्तावेज हू-ब-हू प्रकाशित किए गए हैं। इसके अलावा डॉ. राजेन्द्र प्रसाद ने भी चम्पारण आन्दोलन का आँखों देखा अनुभव अपनी पुस्तक 'सत्याग्रह इन चम्पारण' में विस्तार से लिखा है। महात्मा गांधी ने भी अपनी आत्मकथा में चम्पारण के अनुभवों को संक्षिप्त मगर सारगर्भित स्थान दिया है। इसके अलावा चम्पारण सत्याग्रह के सूत्रधार राजकुमार शुक्ल की 1917 की डायरी को भैरवलाल दास जी ने पुस्तकाकार प्रकाशित किया है। श्रीकांत जी ने चम्पारण आन्दोलन के दौरान सक्रिय 'प्रताप' अखबार के विशेष संवाददाता पीर मोहम्मद मुनिस की खबरों को पुस्तकाकार प्रकाशित

किया है। गांधी संग्रहालय के सचिव रजी अहमद के सम्पादन में प्रकाशित पुस्तक 'महात्मा गांधी की स्वदेश वापसी के सौ वर्ष' पुस्तक में भी चम्पारण से सम्बन्धित कई आलेख हैं। इन तमाम पुस्तकों की सहायता मैंने इस चम्पारण कथा को लिखने में ली है, उनका आभार है। इसके अलावा श्रीकांत सर ने 1908 के नील आन्दोलन के बाद अंगरेज अधिकारी गोरले की रिपोर्ट उपलब्ध करायी और चम्पारण सत्याग्रह की कथा पर आधारित उस जमाने का उपन्यास विंध्याचल प्रसाद गुप्त रचित 'नील के धब्बे' भी उपलब्ध कराया। इससे कई नई जानकारियों को इस पुस्तक में शामिल करने में मदद मिली। चम्पारण सत्याग्रह को लेकर इसके अलावा भी लगभग एक दर्जन शोधपरक पुस्तकें अंगरेजी और हिन्दी में उपलब्ध हैं, इनमें जैक पोचपदास और तेन्दुलकर की पुस्तक काफी महत्त्वपूर्ण मानी जाती है। इन पुस्तकों को भी मैंने सरसरी तौर पर देखा।

इस पुस्तक को लिखने में सबसे अधिक मदद मुझे भैरवलाल दास जी से मिली। उन्हीं की वजह से मैं चम्पारण सत्याग्रह की कई बारीकियों से अवगत हुआ। जिन्हें मैंने कई दफा फोन करके अपनी शंका का समाधान किया। इन तमाम चीजों की मदद की बदौलत ही यह पुस्तक ये शक्ल ले पाई है। चूँकि यह पुस्तक कोई सन्दर्भ ग्रन्थ नहीं है, कथा रूप में चम्पारण की कहानी को कहने की कोशिश है, इसलिए मैंने कथा के बीच में सन्दर्भों का उल्लेख नहीं किया है। मगर चूँकि ये तमाम सन्दर्भ काफी प्रमाणिक हैं, इसलिए यह आसानी से कहा जा सकता है कि पुस्तक में उपलब्ध तमाम जानकारियाँ तथ्यों पर आधारित हैं। आशा है, यह पुस्तक आपको भारतीय स्वतंत्रता संग्राम के उस सुनहरे अध्याय को गहराई से समझने में मददगार होगी, जिसने इस देश को महात्मा दिया, सत्याग्रह दिया और स्वतंत्रता आन्दोलन को आमलोगों से जुड़ने का अवसर दिया।

—पुष्यमित्र

पटना
मार्च, 2017

❑❑❑